対話と共生思想

対話と共生思想

金子晴勇著

知泉書館

はじめに——対話とはどのような行為なのか

演劇のことを考えてみよう。それはいくつかの対話から成り立っている筋によって創られるように、わたしたちの人生もこのような歩みから導かれる。だから対話の一駒一駒が人生自身なのであって、日常営んでいる対話のなかに人間そのものの姿が反映される。だから人間は対話の営みから形成される。またこの対話は人間のあり方とも深くかつ広く関わり、すぐれた行程と射程をもっている。つまり宗教、哲学、芸術、文学、さらに社会、経済、政治、歴史など人間の超越的、主観的、客観的精神の全領域にまで対話的生は広がっている。対話的に生きるとはこのような巨視的コンテクストのなかに現在を意義あるものとして把握することを意味する。ところでこのような対話はどのようにして始まったのか。

人間がどのように誕生するかを考えれば、両親が営む関係から生まれるように、人間ははじめから具体的な他者との関係と交渉のなかに置かれている。この関係は身体によって営まれる対話という行為によって開始される。それゆえ人間が自己自身を形成するのは対話であるということができよう。

ところが現代では人間関係の基礎をなす信頼関係が崩壊の危機にあるため、各人はそれぞれ自己の立場や意見を全面的に主張し、互いに鋭く対立するのみならず、他者を無視し、社会や歴史のコンテクストを破壊しても、すこしも痛みを覚えない。対話を崩壊させるのはこうした行為なのであって、対話を無視するモノローグ的（独語的）人間こそ現代でもっとも鋭く批判されなければならない。そこでこういう人間の特質をいくつかあげてみたい。

対話を崩壊させるもの

それは対話についての絶望的無知ではなかろうか。よく言われることだが、議論されることのもっとも多い価値は通常もっとも欠如しているものである。たとえば対話を要求している者でも、対話についての正しい理解が欠如し、対話を求められている人も、それを求める人も対話自体について絶望的なほど無知であることが多い。だれでも自分がまず対話的でないと、対話を行うことはできない。対話は人間を形成する基本行為であるのに、これを人間自身から分離して一つの有用な手段とみなすところに、対話自体についての根本的誤りがある。つまり、対話が何らかの手段と考えられ、自己自身が対話的になっていないところに最大の問題が見られる。たとえば対話を平和獲得の手段と見なすことは、対話する人自身が対話的でないと全く無意味である。対話や話し合いを強調する者が、自己の主張を相手に押しつけるための手段としてこれを利用し、対話に参加しながら彼自身は、対話のなかに生きる相互性に無関心で、非対話的人間でありつづける場合が今日でも多く見られる。

このことは家庭のような小さな共同体から職場や学校などにいたるまで変わりはない。ただ個人の欲求は集団になると一段と露骨になり、倫理のコントロールを失い、力の論理を行使する点で、集団のなかでは対話の倫理は姿を消していることに注意したい。社会の連関のなかで対話的に生きる人はみずからの役割と分を知って行動の意義をそこに見いだしているはずなのに、集団の力を借りて自己の欲求の達成のみをはかるというのでは、対話を要求している人自身が非対話的状況をみずからつくりだしているといわざるをえない。

このように交渉しあっている双方がモノローグ（独語）になってしまうと、対話の名のついたいかなる会合も、たとえば国家間の平和交渉や管理者が開催する「説明会」、また労働者や学生が要求する団体交渉なども、一方的な自己の主張や相手の主張の全面的な撤回などを戦いとることに専心し、勝つか負けるかの勝負事に関心と情熱を傾けつくして、肝心な「真実」を探求しながら歩み寄る対話の精神から完全に逸脱してしまう。こうなると「対話」の美名のもとに「吊しあげ」や他者の死を意味する所謂「自己批判」に相手を追いこみ、対話の結果が失意と挫折・自殺・殺人・生きる意味の喪失となってしまう。これが対話から生じる「共有の実り」であろうか。

精神的未成熟

対話を実際に遂行するときに障害となっているものは、相互の意志疎通を阻んでいる精神的未成熟である。ここでも人間のあり方や態度がもっとも大きな要因であり、対話する者が自己の欲求や利害から他者や集団を見ており、ありのままの他者や集団を見ず、これに関わらない場合には相互の間の意志疎通は成立しない。自己の生活と存在の保証および確認、また自己の意見や立場の主張、これらのことにのみ関心をもっている者は、当然のことながら対話と相互的に関わることが原理的に不可能である。なぜなら自己主張欲が前面にあらわれてくると、他者を他者として認めず、他者をも自己の欲求を実現する手段とみて、好き勝手に相手を処置するため、相手の方も人格として扱われていないことからくる欲求不満から敵意をつみかさね、交渉を拒否することになるからである。友人間、親子、夫婦のコミュニケーションもすれちがい、はぐらかし、上っ面の体裁だけのもの、枝葉末節にこだわるとげとげしいものなどとなって、ここには対話の面影はもう消失している。

対話に加わるためには、本論で説くように自分よりも相手に目を向ける「対向」の運動を生じさせなければならないが、この「対向」が自己に「偏向」しないためには「自己からの離隔」がまずなければならない。自己の欲求、感情、情念、執着心などにとらわれていては、他者と真に対向することはできない。自己から分離して事物を考察することができるのは、人間だけであって、人間は環境世界との本能的で直接的な連結を思考と言語によって断ち切って、客観的に事物を把握することができる。だから言語はヘーゲルによると命名する意識の所産であり、直観された事物を記号のなかにとらえ、事物と意識との間に距離をつくりながら、自己が生んだ記号を通して意識と事物とを媒介させ、言語の普遍性のもとに意識は事物を把握することができる（Hegel, Jeanaer Realphilosophie (Philos. Biblio.) S.182ff.）。したがって事物との本能的で直接的な連関は言語を通してひとたび断ち切られ、言語の普遍性のもとに事物は再度秩序づけられてとらえられる。こういう分離こそ「自己からの離隔」の運動であり、自己を離れてのみ、人間は他の実在に、自己への偏向をおこすことなく、「対向」することができる。この人間の基本的特質を十分身につけることが精神の成熟であり、他者との共同的生に対し責任を負う人格として、人間は対話的人間にまで自己を鍛錬してゆかねばならない。

わたしはさまざまな他者との出会いと対話の行為によって人間は青年時代の未熟さを脱却して成長できると考える。本書はそのために青年がどのように生きるべきかをわたしの人生経験から示唆的に提供する試みである。

目次

目　次

目　次

第二部　対話の実例

目　次

対話と共生思想

第一部　対話の現代的な意義

Ⅰ　対話と協調の時代

はじめに

　太平洋戦争が終結し、敗戦の悲惨な経験から立ち上がろうとしたとき、教育の目標として各自の「主体性」が強調され、デモクラシーの精神の涵養が説かれた。だが、この主体性が単なる自己主張欲に変質していった時点で、「対話」の重要性が一般に叫ばれるようになった。とくに学生運動が過激となってよど号ハイジャック事件（一九七〇年）・浅間山荘事件（一九七二年）・新宿クリスマスツリー爆弾事件（一九七一年）と連続して起こったことにも示されているように、主体的な学生運動は破壊活動に突進していった。このとき「主体性」という美名のもとに「自己主張欲」がまかり通っていることにわたしは気づいた。このような時代の傾向を転換させるために対話の重要性が強調されたことは適切なことであった。一九七〇年代は日ソ漁業協定などの国際的な難題が多く、粘り強い対話によって打開の糸口が模索されてもいた。事実、時代は急速に変化して主体性から対話の時代に入っており、対話の精神は今日まで国際政治に生かされている。それはまた職場や近所つき合い、家庭や友人関係になくてはならない基本姿勢となってきた。それゆえ人間を対話の観点からダイナミックに把握し直すことによって人間学を新たに構築することは現代の課題である。

そこでまず対話とは何かを一緒に考えてみたい。

一　対話的人間のイメージ

対話している人の姿を思い浮かべてみると、相手に対して微笑《ほほえ》みをもって向かっている。とくにわたしたち日本人はどんなにつらいことがあっても話し相手に微笑みながら話しかけるという、民族的な特性をもっている。明治のはじめに日本に来た外国人はこの笑いを理解できず、刃傷沙汰になったこともあったが、それでも次第に理解されるようになった。この微笑みというのはまことに人間らしい特質である。

レオナルド・ダヴィンチの「モナ・リザ」と京都の広隆寺にある「弥勒菩薩半跏思惟像」のこ

とを考えてみよう。この東西文化の最大傑作のなかには話している相手が見当たらないけれども、この微笑している姿の前には相手の存在が不可欠である。もしそうでないなら、薄気味の悪い笑いとしか考えられず、この種の充実した微笑みは決して浮かんでこないはずである。

では、この二つの像は相手に向かって何を語っているであろうか。それはもちろん不明であるが、リザ婦人は彼女の夫に「あなた」といって話しかけており、弥勒菩薩は信徒に向かって「汝」と語りかけているように思われる。しかし、よく注意してみると、口は開いていないから、多分、話しの間にある「間」か、相手のいうことに耳を傾けているのかも知れない。

ここに対話の重要な二つの要素が見いだされる。

（1）対話とは相手に「あなた」または「汝」と呼びかけて話す形式であって、二人称から成り立っている。この点はマルティン・ブーバーの名著『我と汝』によって初めて指摘された。彼は人間が世界に対して語りかける態度のなかに二つの根本的な対立を捉えた。「汝」と「それ」の対立がこれであって、「汝」関係、つまり「汝」と語って呼びかけることによって開かれてくる関係のなかで生きる態度こそ「対話」を形成しており、人間を含めてあらゆる実在を「それ」として非人格的に扱う場合から区別される（『我と汝・対話』植田重雄訳、岩波文庫、七―八頁参照）。

（2）対話とは一方的に語るのではなく、そこには相手のいうことに耳を傾ける姿勢がなければならない。一方的な話しは「モノローグ」（独語）といわれ、相互的な話し合いは「ダイアローグ」（対話）といわれる。

『対話の奇跡』を書いたハウは、対話的人間の特徴を四つほど数えあげている。

（1）対話的人間は真正な人間である。

（2）対話的人間は率直な人間である。

（3）対話的人間は熟達した人間である。

（4）対話的人間は他者に関わる人間である（『対話の奇跡』松本昌子訳、ヨルダン社、八八頁）。

確かにそのとおりであるが、アメリカの倫理学者リチャード・ニーバーの説をこれに加えたほうがいっそう良い。彼は対話する人を応答的人間とみなし、その特徴を「責任性」のシンボルで捉え、「応答的人間は対話に従事している人間であって、他者の自己に対する行為に応じて適切に行為する責任を負う人である」と説いた（『責任を負う自己』小原信訳、新教出版社）。このような対話を生きた典型は孔子やソクラテスまたイエスである。

二　人間の対話的本性

それでは対話は実践するのに困難なわざであろうか。否、そうではない。むしろ人間の本性にぴったりと合っていると言うべきである。このことを先に述べた「微笑み」が実によく示している。そこで、人間の幼児と人類学上よく似ている猿、とくにチンパンジーとをその「笑っている姿」で比較してみよう。

オランダの生物心理学者ボイテンディークによると、人間と猿を比較すると、人間的なるものの特質が捉えられ、とくに出会いや対話の人間学的意義が明らかになる。彼は乳児や幼児の生物学的、心理学的考察から対話が人間の自然本性のなかにいかに根づいているかを研究した。たとえばその著作『人間と動物』に収められている「人間の共同体と動物の共同体」のなかで、生後数か月たった乳児が最初に出会うのは母親であり、この母をじっと見つめている乳児のまなざしには、動物の仔がその親や飼主を眺める眼とは全く違っていることが明らかになる。なぜなら「乳児の眼差し」には一つの際立った特質が認められる。それは相手に距離を置きながら軽く触れている基本姿勢であって、それは「微笑」のなかに示される。したがってそこに「距離と関与」の二重性と同時性があると言われた。

ボイテンディークは幼児の「微笑み」のなかに「関与しつつ距離を置く」という二重性を発見し、これが動物に全く欠けていると言う。彼はこの微笑みを「内面的で控えめな朗らかさの表現」であり、「乳児は微笑みのうちに、自己の身体のなかに予定されている仕方で、自分が人間であることを開示する」（『人間と動物』濱中淑彦訳、みすず書房、一七五頁）と語る。したがって人間と動物の差異は結局人間が対話のなかで、つまり言語的関わりのなかで人間性や自由が増大してゆくことに求められると、次のように結論を下した。

幼児と猿の本質的相違とは、世界との対話のうちで幼児の自由が増大してゆく点に表われていることがわかって見れば、猿が決して空想上の遊戯を行ない得ないのも自明の理である。……出会いと交わり、遊戯と模倣における幼児の発達とは彼の人間性、自由、達成、義務的規則……そして言葉の統一的展開である。（前掲訳書、一七六頁）

さらに対話の基本運動として考えられる「距離と関係」から、他者に対する「対向」が成立する。「対向」というのは自己から離れて他者に向かう運動であって、対話に見られる基本的な運動である。このこともまた幼児を観察することによって明らかとなる。そこで乳児と二歳児（幼児）とを比較してみると、乳児の場合、見ることのなかに「距離と関わり」の二重性と同時性があるが、幼児の場合には見る「関与のなかに距離」が置かれる。この距離が幼児の自我を形成する。したがって成人した人間は、事物との距離を十分とってこれに関わっているため、自分のまわりのなじみ深い対象に対しては適度に触れているにすぎない。しかし乳児や幼児の場合には、この事物に求愛し、事物をも相手として対向しあう相互性のなかに捉えるため、事物は表情をもって語りかけている（たとえばぬいぐるみを抱いている子どもの姿）。ここには神話時代や未開社会の人間と等しい物の見方がある。子供は成長とともに事物に対する距離感が拡大していき、さらに自我が成長すると、事物を客体として捉えるようになる。

ところで人間は一般的に自己を形成する歩みを進めながら、出会いと対話をとおして人格が次第に成熟してゆく。このプロセスはブーバーによって「人間は汝との関わりにおいて我となる」と言われる。実際、この出会いのなかで「汝」がいろいろと姿を変え、交代して変化するなかで、この「汝」の傍らにつねに伴っているもの、つまり「我」が「対話する自己」として意識されてくる。人間は「我」「わたし」を語るに先立って「汝」「あなた」との関係のなかに深く自己を根づかせ、間主観的に沈殿させている。したがって「我」という「主体性」は他者との「関係性」

のなかで育成されて誕生してくる。

三　演劇と対話、対話のなかの自由と責任

次に、対話の特質を演劇と比較することによって明らかにしてみよう。演劇はパントマイム（無言劇）以外では、ほとんどが対話によって構成される。それは作家が自らとらえた人生観や価値意識または洞察によって構成される「筋道」に従って主題を展開させる。劇中の対話はこの筋にそっており、筋を展開させる手段となっている。これに対し、対話では参加者の同意によって主題がそのつど任意に設定され、どのような筋道を通ってこの主題が展開するか最初は見当もつかず、手さぐりの状態で進められてゆく。つまり演劇では筋（プロット）から対話が作られるが、対話では対話から筋が作られることになる。だから両者では方向が逆になっている。対話は日常生活にとどまりながら対話の営みによって現実に光りを与え、いっそう明晰度の増した認識に達しようとする。これは真に理性的な方法である。

対話と演劇の関係を歴史的に顧みると、古代ギリシアでは演劇と対話は大いに発達し、同じ時代に悲劇作家ソポクレスと哲学者ソクラテスのような人物の出現を見た。対話は野球についてよ

く言われるように「筋書きのないドラマ」と言えよう。そこには「意外さ」・「驚き」・「自由」などの契機が大きく働いている。対話に参加すると、対話自体がわたしたちを導き、当初の予想に反して全く新しい局面が拓かれ、新しい真実の姿を発見する驚きを経験する。ここに対話に携わっている者が自己をひとたび離れて「対話」のなかに参加し、自己から「自由」となりながらも、自己を他者との関係のなかで再発見する「喜び」がある。この点でガダマーの『人間と言語』という論文は同様な事実を見事に指摘する。彼は対話とゲームとを比較し、ゲームの面白さはゲーム自身の運動のなかに、自己を忘れて自らを投入することにある。したがって、遊戯の気分が基本的には「身軽さ」・「自由」・「成功の幸せ」という精神に満たされている状態であることを指摘した（H.G.Gadamer, Mensch und Sprache, in: Kleine Schriften I, 1967, S.93ff.）。

四　対話によって開かれる世界

『アラビアン・ナイト』を見ると、シンドバットの「開け胡麻」によって黄金の宝庫が開かれ、ゲーテの『ファウスト』にはファウストが唱える呪文によって地霊が地下から浮かび上がってくる。これと同様に対話を通して新しく生きられる世界が誕生してくる。

対話によって一つの世界が生じてくる有様をシェイクスピアの作品『アントニーとクレオパトラ』の一節を借りて説明してみよう。エジプトの女王クレオパトラが時の権力者カエサルやアントニウスに対してとった行動は、政治的な利害関係から出たものであっても、それでも相互の情愛とか、また可能ならば人間的な愛情とかを願ったものであろう。少なくとも愛情の観念のないところに男女の恋愛と結婚はあり得ないことが、そこでは次のように説かれている。

クレオパトラ　そのお心もちが愛だと、まことそのとおりなら、聞かせてくださいまし、どれほどに深く愛しておいでか。
アントニー　世の常の浮薄な愛なら、そうして測られもしよう。
クレオパトラ　どこまであなたに愛されているか、その果てをはっきり見きわめておきたい。
アントニー　そうしたら、きっとあなたは目《ま》なこに新しい天地を見いださずにはすむまい。
（『アントニーとクレオパトラ』福田恒存訳、新潮文庫、一〇頁）

二人ともこの結婚が現実にはいかに作為的で虚偽に満ちているかを知ってはいても、それでもなお愛による新しい世界に憧れを抱いている。

同様に青年時代のゲーテの経験は彼の自伝的作品『詩と真実』の第一部に記されているグレートヒェンとの出会いのなかに次のように述べられる。「無垢な青年時代の最初の愛情はどうしても精神的な方向をとるものである。自然は、男女のいずれもが異性のうちに善と美との体現をみとめることを望んでいるように思われる。こうして私にもまた、この小女を見ることによって、この小女を愛することによって、美しいものすぐれたものの新しい世界が開かれた」（『詩と真実』第一部、小牧健夫訳、岩波文庫、二一八頁）と。このようにゲーテも先のシェイクスピアのアントニーと同様、恋人との出会いによって「新しい世界」の発見について述べている。「新しい世界」というのは性の満足といったものとは質を異にしている世界のことで、身体的関係を超えた恋、愛情、性愛、エロスが形成する世界にほかならない。

さらに自然と対話している詩人にも新しい世界が現われる。たとえばワーズワスでは、詩人は湖畔に終日座して、自然が語るのを「賢い受け身」になって聴いている。彼は対話形式の詩『諫告と返答』のなかで自然が自ずと語りかけているのを聞いていると語った。それゆえ湖畔の石の上に座って黙想し、書物と人間に向かわないことを諫めた友への「返答」のなかで詩人の世界が誕生することが見事に歌われる（詳しくは本書第五章「自然との対話」参照）。

五　対話によって形成される共同形式

次に対話の相互行為によって創造される共同の姿について考えてみよう。他者に向かって反復される行為とともに個人のうちに間柄性とか共同性といった性質、つまり社会性が育まれてくる。そのなかから現象学的に見て個人間の関係が次第に内面化されていく三つの性質を取り出すことができる。

(1) 最初には個人がそれぞれ独立していながら関係し合う「相互性」が成立する。

(2) 次にそれが親密さをもって情緒的な結合の度合いを増すことによって「間柄性」が生まれる。

(3) さらに、この間柄に立って個人の「共同性」が自覚されてくる。

このような観点から社会は個人の「間」にある対話的な相互作用の関係形式から捉えることができる。というのも相互行為の反復は親しい間柄をおのずと形成していくからである。最初は互いに見知らぬ関係にあった者が出会い、この出会いが反復されるとき一つの新しい形が双方の間に一つの著しい関係として生まれてくる。この間柄は他者との結びつきを強める共同性によって基礎づけられている。共同の関係に入っている男女の間に生じているものは「共有の実り」（ブーバー）である。それは関係している双方のいずれにも帰せられないし、両者の結合以上である。さらに人間はこの間柄の世界に真に生きる意味を見いだし、個人としての価値もこの間柄のなかでのみ実現することができる。

この間の事情をゲーテは『タッソオ』のなかで次のように歌っている。「才能は静かな境地で築かれてゆきますが、人格は浮世の波にもまれながら築かれます」（『タッソオ』実吉捷郎訳、岩波文庫、二六頁）。また、こうも歌われている。「人間は人間と交わってのみ自己を会得する。実生活だけが各人にその本来の面目を教える」（前掲訳書、九五頁）と。この世界において「汝」と語りかけていって相互的に関わる対話行為は、間柄の世界では自然に何の抵抗もなく、スムーズに生じている。

六　対話で生じる生の高揚

対話するというのは他者を受容することであり、「汝・あなた」との関係に入ると、それだけ自己が大きなものとなる。この関係のなかで生じている出来事には絶えず「生の著しい高揚」を見ることができる。ブーバーはそこに「一つのより以上」(ein Mehr) があると次のように語った。

純粋なる関係という本質的行為から歩み出る人間の存在のなかには、一つのより以上が、一つの新たに発生したものがもたらされているが、それは彼がこれまで知らなかったもの、またそれがどこから起ったかを後からただしく言いあらわせないものである。

(『対話的原理 I』田口義弘訳、みすず書房、一四六頁)

この「一つのより以上」というのは、わたしの側からだけでは知りえなかったもの、他者との対話関係の間で生じていて、ただわたしとしては他者から授けられ受けとったものとしか知られないものである。つまり、この関係のなかに眠っていたもろもろの可能性が言葉の光を受けて生まれてきたのである。また対話のなかでは、人が生の意味をもはや問う必要がないほどに、生きる意味の充実が感じられる。これが対話における生の高揚である。

七　日本文化の問題点

外国で生活してみると痛切に感じられることであるが、日本人は寡黙であり、外国人は多弁である。この双方とも実は対話と協調の精神を育成することを阻んでいる。コミュニケーションは言葉を通して行なわれるが、それを成功させるためには対話によるしかない。このことは広く日本文化の問題とも関係している。丸山真男はかつて『日本の思想』（岩波新書）で「思想と思想との間に本当の対話なり対決が行われないような『伝統』の変革なしには、およそ思想の伝統化はのぞむべくもない」と適切にも語っていた。日本文化は、彼によって「蛸壺文化」と呼ばれているように、自己の殻に閉じこもってモノローグに陥っていたといえよう。日本に滞在し親しく日本文化に触れたカール・レーヴィットも、日本とヨーロッパの精神的相違点を「批判的対決」のなかに認めて、次のように語った。

ヨーロッパ精神はまず批判の精神で、区別し、比較し、決定することをわきまえている。批判はなるほど純粋に否定的なもののように見える。しかし、それは否定することの建設的な力、古くから伝えられて現に存在しているものを活動の中に保ち、さらにその上に発展を促す力を含んでいる。東洋は、ヨーロッパ的進歩の基礎になっているこうした容赦のない批判が自分に加えられるのにも他人に加えられるのにも、堪えることができない。

（『ヨーロッパのニヒリズム』柴田治三郎訳、筑摩書房、一一九頁）

もちろん日蓮や本居宣長、さらには内村鑑三のような対決型の思想家は確かにこれまでも存在していた。こうした少数の思想家によって実践されてきた対決の姿勢を持続的に維持することが、思想形成にとって不可欠である。

終りに「対話」と日本的な「精神風土」との関係について基本的と思われる問題を取りあげてみたい。その際、和辻哲郎の『倫理学』に展開する「間柄的存在」が「私的存在」となっているという逆理的な性格の指摘と森有正の『経験と思想』における「汝」の「二項関係」について考えてみよう。和辻哲郎によると日本人の「間柄的存在」は「私」を徹底的に排除しながら、きわめて著しい「私的存在」となっている。この論理的には不明確で、逆理的な性格こそ日本的風土となっている。彼は次のように言う。

我々が手近に見いだし得る最も著しい私的存在は……孤立的存在ではなくしてかえって間柄的存在なのである。すなわち、ただひとりの相手以外のあらゆる他の人の参与を拒むところの存在である。あらゆる他者の参与を拒むということがどこにも見いだせない不可能事であるのに対して、ただひとりの例外を除いてあらゆる他の人の参与を拒むということは、日常的にきわめてありふれた存在の仕方なのである。……この私的存在は明白に二重性格を帯びてくる。すなわち内において「私」を徹底的に消滅せしめることが、同時に外に対して最も顕著に私的存在の性格を与えるゆえんなのである。

（和辻哲郎『倫理学』上巻、岩波書店、三三五頁）

ヨーロッパ人の間柄関係には「二つの頭をもった独我論」ともいうべき個人主義的な性格が残存しているのに対し、このように日本人の間では厳密な意味で「我と汝」関係は成立しないといわれる。たとえば森有正は『経験と思想』のなかで和辻哲郎の見解を受け継ぎ、日本人のもとでは「我と汝」という関係は成立しないで、「汝と汝」という「我」を消滅させた「汝」の「二項方式」が成立していると言う（森有正『経験と思想』岩波書店、九五頁）。

これに対しブーバーの「専一性」（Ausschliesslichkeit）の観点を対比させることができる。彼によると汝関係の光のもとに開かれた関係に入ってゆくのが対話の働きである。だが「汝が〈それ〉に化する」瞬間にそれは「排他的占有」となり、そこには「汝」の関係が物化し、私的なものに変質し、「専一性」は他の一切のものの「締め出し」(Ausschließung) となっている。

この世界における一つの実在あるいは実在的なものとの真実な関係は、すべて専一的である。真実な関係において汝は、解き放たれ、歩み出てきて、かけがえのない唯一のものとしてわれわれに向かいあって存在する。他のすべてのものはその汝の光のなかで生きるのである。だが汝がそれに化するやいなや、その広大な領界は世界にたいする不当となり、その専一性は一切のものの締め出しとなるのである。(ブーバー、前掲訳書、一〇三頁)

このように「汝」関係が「それ」関係に変質すると、わたしは「汝」によって自己を維持する保身的「閉じこもり」となる。したがって「間柄存在の私的性格」とか「汝の二項方式」とか先に言われたものは、一人の「汝」にだけ開かれて、他の一切を締め出すことになる。したがって他者に向かう「汝」がわずかに開かれたままで凍結してしまうことになる。問題はこの間柄が開かれたものか、閉じたものかではなく、日本人の場合には島国という地理的条件や人格神に触れることがなかったという歴史的制約、また豊かな自然に恵まれた自足性も影響して、開かれながら閉じているという矛盾した間柄が見られるといえよう。

Ⅱ　対話の能力

――人間の対話的本性――

人間には対話する能力がはじめから備わっていることを次に考察してみよう。人間と自然との関係はさまざまな観点から考察することができる。たとえば、現代の哲学的人間学はシェーラーやゲーレンの主著がその特徴をよく示しているように「宇宙における人間の地位」という基本姿勢をはじめから提示する。それは人間を自然のなかで考察するという課題を追究する。そのなかでも生物学の観点から人間と近接する動物との徹底的な比較が重要な成果をあげてきた。シェーラーの前にはヴォルフガンク・ケーラーのチンパンジーの研究があり、ゲーレンの前にはポルトマンとボルクとの生物学的な研究が先行していた（シェーラーとゲーレンの人間学について金子晴勇『マックス・シェーラーの人間学』創文社、二二―二九、三四―四〇頁参照）。今日ではボイデンディクやローレンツその他の生物学的な研究の成果が発表されている。

ここではまず人間と動物が共有している性質であっても、そこに相違が生じてきていることを考察し、人間としての自然がどのように発展してきたかを解明してみたい。その際、わたしは現象学の視点から事柄自体をあるがままに考察するので、特定の世界観や立場から自説を述べたりはしない。それゆえ問題となる自然科学といえども、わたしにとっては一つの仮説にもとづく主張にすぎないのであって、人間という現象を本質的に把握するために、その成果は事実に役立つかぎりで限定的な仕方で受け入れていきたい。

一　人間と動物との種差

人間と自然との関係を一般に提示する本質的な特質は、人間と動物との種差にまで発展してきている要素を取り出すことによって解明することができる。それは人間が動物と本性上共有しながらも精神の「志向」の働きによってやがて人間の自然本性のなかで動物との種差にまでなっている。その要素は①言語、②道具、③時間、④交わりである。

1　言　語

「人間とは理性的動物である」という昔からの定義に示されているように、人間と動物との種差はこれまで「理性」に求められてきた。この「理性的動物」（animal rationale）は元来「言葉をもつ動物」（ゾーオン・ロゴン・エコン）に由来する。言葉は事物の直接的影響と衝動的な束縛とから距離をとって、事物を対象的に反省しながらその意味を捉える意識の志向性によって生じる。人間の知覚作用はこの言語と不可分であり、動物の情動言語とは相違した分節言語によって反省的に対象を捉える。確かに感覚的知覚では動物の方が人間よりもはるかに勝っているが、人間の知覚には知覚作用のなかに反省的な思考過程が入っている。このことによって対象のうちに真理が把握される。ドイツ語の「知覚」（Wahrnehmen）が「真理把握」を意味しているのもこれに由来するといえよう。人間は言葉によって事物の感覚的な束縛からまず離れ、言語的シンボルを用いて事物の表象を意味によって構成しながら人間的文化の世界を創造する。人間は本性上「シンボルを操る動物」である（カッシーラー『人間：シンボルを操るもの』宮城音弥訳、岩波文庫、六六頁を参照）。

2　道　具

動物も人間と等しく「食行動」によって導かれているが、人間はホモ・ファーベル（工作人）と呼ばれているように、道具によって自然に働きかけ、豊かな物質的環境を形成しうる能力を具えている。この道具は直立猿人としての人間の身体的構造のなかに潜在的能力としてあり、その能力が外界の事物と距離を取りながら関与していく基本姿勢を形成していく。これは先に言及した言語と同じ基本姿勢である。人間の主体は手をもつ身体的主体であって、距離を保っている自然に対し手で道具を使って関与し、人間的な生を労働によって確立する。労働は人間固有の行為であり、自然の姿である。この道具が発展すると技術となり、さらに科学と結びつくことによって今日の科学技術社会が形成された。

ヘーゲルでも労働は直接的な欲望を一時抑えて活動のエネルギーを物にそそぎ、豊かな生産をもたらすと主張された。これは道具によって自然に働きかけて「老獪な意識」を生み、自然を策略をもって支配し、主観的な自由を拡大していくと考えられる（Hegel, Jenaer Realphilosophie, Philo. Bibli., S. 183ff. 198ff.）。この考えは『精神現象学』の「主人と奴隷の弁証法」でさらに発展し、労働による支配の逆転が説かれた（マルクーゼ『理性と革命：ヘーゲルと社会理論の興隆』枡田・中島・向来訳、岩波書店、一二四—一三四頁参照）。

3　時　間

時間の意識は瞬間的に流れている現在のある局面を捉えて反省することによって、それ以前と以後とに意識が分けられるときに生じる。反省が時間の意識を生み出している。否、そうではなく、反省作用のなかに時間は現象しているというべきである。アウグスティヌスが初めて解き明かしたように、心の三つの働きとともに時間は意識される（『告白録』第一一巻・一四・一七―二九・三九を節参照）。すなわち、記憶・直覚・期待の働きとともに過去・現在・未来は意識される。そのなかで記憶の働きを動物はもっていても、習慣に依存しながら維持されているため、それは弱く、歴史や発展が見られず、動物進化の自然史のなかに置かれている。それに対し人間は過去を意識し、現在をいかに生きるべきか考察する。そこに倫理的規範の意識と罪責感情とが生じる。また未来への期待は永遠に対する止みがたい憧憬を抱かせる。

4　交わり

言語と労働とは人間間の交流と共同の生をもたらし、時間の意識は共同の生活を歴史的に発展させる。「交わり」（コイノーニア）は同時に「社会」を意味している。この社会的な共同性は動物の群居性と区別される。ニーチェは大衆の群居性に対決して創造的生を強調した。人間の共同は動物の国とは相違して法的秩序を形成する（アリストテレス『政治学』山本光雄訳、岩波文庫、三五―三六頁参照）。

これらの自然本性は人間が動物と共有していながら同時にその精神作用によって人間特有の自然本性となしたものである。これは自然の所与であり、人間の本性の内に潜在的に存在している本性の萌芽である。そのような本性的特質は言語と道具のもとで明瞭に示されたように、事物との間に距離を置いて関係するという基本姿勢に求められる。この「距離と関係」こそ人間の間主観性を形成している構造的契機であり、「精神」としての人間の本質規定もここに基礎を置いている。

二　人間の自然的素質

人間と動物との基本的な差異は、現代の人間学においても強調されている。シェーラーはヴォルフガンク・ケーラーのチンパンジーの実験を評価して、動物にも実践的知能は認められるが、理性や精神は認められないという。シェーラーの立てた基本的なテーゼ、つまり動物は衝動に拘束されているが、人間はそれから自由に、非現実的な経験をもつことができる、ということはゲーレンによっても認められる。また、人間と動物との差異は、直立歩行でも、知能でも、道具と火の発見でもないという主張は両者に共通している。さらに動物の「環境」と人間の「世界開放性」との理解も共通している（シェーラー『宇宙における人間の地位』亀井裕・山本達訳、「シェーラー著作集13」白水社、四九頁）。なお、シェーラーが衝動に対する「否定」ということに精神の起源を見ているのに対し、ゲーレンが衝動の強制からの「距離」において人間の特質を捉えている点は相違している。しかし、人間が外界や自己に対して「距離」をもちうる点では両者は一致する。この距離の意識こそプレスナーのいう「脱中心性」にほかならず、ここに精神としての活動が理解される（Plessner, Die Stufen des Organischen und der Mensch, 1928,3Auf., 1975, S.290.）。このこの「距離」を前提にした「関係」こそ精神としての人間存在の基本的特質なのである。このことは人間本性の研究によって考察することができる。それは先に述べた人間と動物との基本的な差異を人間関係のなかで発展させることによって把握される。

ここではこの点を考慮して次に対話について考えてみたい。

1　対話の本性

対話は人間の本性のなかに宿っており、相互に独立している人間の間に交わされる関係行為によって開花する（続く「微笑」の箇所を参照）。この対話の本性が人間の内に備わっている有様は、たとえば人間の身体の構造からも、また目、耳、口の位置からも明らかである。他者に対面することは動物にもあるが、出会いや対面することから対話へ向かうのは、人間性の独自な働きと言える。対話の相互性は「聞いて答える」ことによって成立するが、ゼノンが「人間が耳を二つもち、口を一つしかもっていないことを忘れるな」といったとき、自己主張のモノローグではなく、相手の言うことに耳を傾ける対話の人間らしい自然本性を指摘している。対話する人間は対象や実在に対して動物のように定形的な反応をするのではなく、それらが表情をもって語りかけてくるのを感じとって、適切に応答する。このことは「爽快な森」・「鬱陶しい天気」・「神々しい山」などの表現を見ても素直に理解できよう。

人間の「応答」（response）と動物の「反応」（reaction）とを比較してみるとわかるように、人間は感覚的な対象に対しても思考の働きによって距離を置いて適切に関わることができる。これは人間的な意識がもつ特質であるといえよう。そこには対象との「距離と関係」という二重構造が本性的に備わっており、対話はこの構造にもとづき起こってくる。ブーバーはこれを「原離隔と関係」（Urdistanz und Beziehung）と呼んだ（『原離隔と関係』稲葉稔訳『哲学的人間学』、「ブーバー著作集4」みすず書房、第四巻、五頁以下）。

また、わたしたちは他者を出迎え、歓待し、他者に対面するとき、人間的なすぐれた本性を発揮する。たとえば客を迎えるとき、家を掃除し、部屋を飾り、ご馳走の準備をするように、「各人は、よりすぐれた自己において、他人を心からもてなす」(ギュスドルフ『言葉』笹谷満・入江和也訳、みすず書房、八八頁)。したがって自己のうちに閉じ籠もっていると、人格としての可能性は抑えられ、自己以下の者になりがちである。それに対して他者に向き合い歓待するという心の動きのなかでそれは無限に明るく成長する。そこに人間の本然の姿が実現しているのではなかろうか。このように対話のなかには自己の通常の可能性以上の「一つのより以上」(ein Mehr)とでもいうべき「生の著しい高揚」(ブーバー)が認められ、同時にそこに生きることの充実した意味が感得される(ブーバー『対話的原理Ⅰ』田口義弘訳、「ブーバー著作集1」前出、一四六頁)。

この意味で「それ以来、我々は対話であり、相互に聞き合うことができる」(M.Buber,Werke I, Schriften zur Philosophie,S.474. からの引用)とヘルダーリンは言う。彼は、わたしたちの存在自体が対話であると主張する。というのもわたしたちは対話によって自己の存在に到達するからであり、いまだ実現されていなくとも、対話的本性を内に秘め備えているからである。この対話的本性は他者との共感を求めるしなやかな人間の側面であって、機能として人間に備わっている。したがってそれは共同感情(つまり同情)の基礎にある自然的機能であるといえよう。もちろんこの人間の内に秘められている自然本性は「言語の能力」によって開花する。だがその前に対話が人間の本性のなかに備わっている仕方であらかじめ萌芽的に潜んでいることを幼児の微笑から捉えてみたい。

2　微　笑

誕生して未だそれほど日を重ねていない乳児や幼児の笑っている姿を観察すると、対話が人間の本性に深く根付いていることがわかる。乳児が最初に出会うのは母親であり、母を見つめている乳児の眼差しと微笑みのなかに対話の最初の萌しが現われてくる。対話は互いに距離をもった二人の間に交わされる関係行為であるから、人と人との間の「距離」と「関係」との二重の構造から成立している。これと同じ構造が乳児の眼差しのなかにも認められる。

オランダの生物学者ボイデンディクによると、乳児と幼児の眼差しのなかにはどこか「控えめなところ」があって、「人間の子は観ることのうちに距離をつくりだすと同時に、その距離の橋渡しをする。この眼差しは親愛観や認識を現しもするが、また同一視とともに客体化をも表現している」（ボイデンディク『人間と動物』濱中淑彦訳、みすず書房、一四六頁）。彼は幼児の微笑のなかに関与しながらも距離を置いている対話的な二重構造が認められると、動物との比較から次のように論じている。

最も高度に教化された猿をも含めて動物に欠けているものは微笑み、つまり人間の幼児が母親との出会いに対して応える、内面的で控えめな朗らかさの表現である。乳児は微笑みのうちに、自己の身体のなかに予定されている仕方で、自分が人間であることを開示する。というのも幼児は目覚めた意識をもって情況を客体化し、それによって情況のさまざまの新しい両価的意味を認めるからなのである。（ボイテンディク、前掲訳書、一七五頁）

この人間に特有の微笑みという現象は、広隆寺の「弥勒菩薩半跏思惟像」やレオナルドの「モナ・リザ」またランス大聖堂の「微笑みの天使」のような完成した人間の美しい像にも現われている。このように微笑みは人間らしい自然本性の完全な姿の現れである。幼児が母との「最初の邂逅」において微笑むのは、自己が人間であることを宣言しているようだ。

しかし、この微笑みも少しずつ変化していく。誕生後いくばくも経たぬ間でも、ミルクを飲んだあとで乳児はよく笑うが、これは無意識に起こっているため、天使が笑わせているといわれる。約二か月経つと母親などのある特定の人に対して微笑みはじめるが、それは最初はまだ定型的で、反応は刺激に対して受動的に起こっているにすぎない。半年ほど経つと、微笑みは能動的になり、意欲的で気取ったものとなる（Böckenhoff, Die Begegnungsphilosophie, 1970, S.242-3）。こうして子供の自己が次第に現われてきて、自発的に世界に対し距離を置きながら関係する対話への第一歩が始まり、片言混じりに話しはじめる。

こうしてわたしたちは、幼児の眼差しと微笑みのなかに、対話的本性があらかじめ備わっていることを認めることができる。またこのような身体的な現象のなかに「人間の内なる社会」が目に見える形で存在していることを誰も疑うことはないであろう（金子晴勇『人間の内なる社会』創文社、二〇一〇―二一一頁参照）。

なお、ここで日本的な特異な現象である笑いについて述べておきたい。日本人の笑いは微笑みである。外国旅行をして帰国すると、日本人の顔のやさしさ、とりわけ女性の微笑みのすばらしさに感動しないものはいない。この日本人特有な微笑の性質を最初に語ったのはラフカディオ・ハーンであった。彼の『日本の面影』にある「日本人の微笑」には外国人が誤解した例話がいくつかあげられている。この日本人の微笑が「苦心してつくられ、長い間に養成された作法、また沈黙の言語」（ラフカディオ・ハーン『日本の面影』田代三千穂訳、角川文庫、七九頁）であることを彼は理解するようになった。微笑は日本人の場合には他者に対する思いやりという対他的態度もしくは作法として生まれたのだった。これは元来相手に対して距離をとって軽く触れるという微笑の本質から生まれたものであり、社会的本能にまで定着したものであるといえよう。こうして日本人の場合には、笑いは身体的自然から社会的本能という意味での自然となった。

3　言語能力

微笑んでいた幼児はやがて母親に向かって語りはじめる。初めは片言のようであっても幼児は顔に笑みを浮かべながら急に語りだす。もちろん、幼児は言語のなかに蓄積された伝統的な意味をいまだ会得してはいないにしても、大人が概念によって固定化してしまった事物の傍らに、ものと戯れながら一体になって生きている。幼児が黙っているかと思うと急に語りだす姿は、夢と現実、経験と空想とが渾然一体となっており、現実が幼児の微笑みとともに内から意味を創造しているようだ。「もの」とともにあって語りだす行為に伴われて「言葉の意味」がうちから溢れ出て、幼児は才気に満ちてくる。人間と「もの」の世界との間には密接な協力関係があって、言葉がその仲立ちをする。このように言葉が人間と世界の間に仲介となっており、言葉の意味が統一されてくる言語の体系のなかで人と人とが意思の疎通をもつようになる（ブーバー『人間とは何か』児島洋訳、理想社、一五六頁参照）。

それゆえ、言語は人と人とを媒介する働きをもつ機能であり、言葉を語る人間の自然本性に初めから備わっている。この人間の内にある言語機能は、特定の言語体系の習得に先立っており、語られる言葉によって普遍的に作用しており、語られる言葉は話しかけ応答するという対話の本質にもとづいている。この言語の発生について多くの議論がなされてきているが、とくに重要なのはフンボルトが『双数について』で指摘している言語の対話的・社会的性格である。彼によると言語は生命のない所産ではなく、反対にその活動性、その生ける機能において、つまり話法のなかで働いている精神の作用として捉えられる（『言語と人間』岡田隆平訳、冨山房、八四頁）。双数（Dualis）の文法形式の研究から特定の言葉、たとえば目、耳、腕などが二数をなし、日と夜、天と地、水と陸などが対《つい》をなし、両性であることから双数が形成されていることを解明し、言語は一般には直接語ること自身から、すなわち一人の人と第二の人とからなる我と汝との対話から生じる、と主張された（Humbolt, Schriften zur Sprachphilosophie, 1963, S. 139）。こうして言語が話しかけ応答するという対話の本性に由来することが力説される。この言語の機能は具体的に他者との対面状況のなかで展開しはじめ、概念形成と思想形成へと発展していく。彼は言語と思考とに関して次のように語っている。

人間はただ単に思索するためにさえ、我に対応する一つの汝を希求する。……しかし、この対応の客観性がさらに完全となるのは、客体の分離が主体の内部でのみ起こるのではなくて、表象者がその思索を真に自己の外部に眺める場合においてであり、実にこれは彼と同じように表象し、思索する別の存在が彼に向かいあう場合においてのみ可能なことである。思索力と思索力との間には、しかし言語以外の仲介者は存在しない。（前掲訳書、八四頁）

このことは概念に関しても次のように言われる。「概念は彼にとっては、ある異質の思索力に触れて反射することによって初めて、その明確性と確実性に達するように思われる。概念は、流動する表象の塊から離れ出て、主体に向かいあう客体になるというかたちにおいて産み出されるのだ」（同頁）。

Ⅲ　対話の基本運動

わたしたちは毎日誰かとの対話や会話によって話している。このように話すという行為は、どのような運動として生じているのか。このことを立ち入って考えてみたい。そのためにはまず初めに対話形式の基本となっている運動がどのような形で行なわれるのかを考察してみよう。

一　人と人が向かい合う「対向」

わたしたちが日常いとなんでいる対話の働きを、その基本運動として考えてみる。対話は他者との間で交されるものであるが、他者に「対して向かい立つ」こと、つまり「対向」がその第一にあげられる基本運動であるといえよう。わたしはこの「対向」（Hinwendung, Gegenüber）という言葉をブーバーから学んだ。しかし、ブーバー以前にすでにシェーラーが「愛」を「根源的対象指向性」として説いていることを知っていた。シェーラーの『愛と認識』という文章は、アウグスティヌスが愛の動態として語った文章から論じている。ここではアウグスティヌスが神に向かう愛として捉えたことのなかに「神への対向性」ad Deum が示されていることを指摘したい。

人間的応答の行為としての「対向」

この対向というのは多くの場合、わたしに対し向こう側からこちらに近づき歩みよってくる対象や状況から生じてくる。それに対しわたしからの応答、もしくは未だ「反応」であって、「応答」とも「関係行為」ともいえない。応答や関係行為は人格的なものである。それに対して、一定の刺激に対する「定形的反応」は動物的反応にすぎない。同じく恐怖や驚異をひきおこすものに対する「防御」は本能的であり、人格的な性質をもつことは少ない。たとえば、ある姿がこちらに近寄ってきて、それが犬であることがわかると、一般に人は恐怖感におそわれて、狂犬や猛犬ではないかと感じ、それに対し防御や反撃を本能的に起こしてしまう。しかし、わたしが緑の野原や樹木に近づくときには、そのような反応をせずに、そこに心地よい憩いの場を求めたり、緑の葉や美しい花を楽しもうとする。ところが近づいてくるものが人間の場合はどうであろうか。敵か味方か、善人か悪人か分からないときには、まず防衛的になり、西部劇のシーンによく見られるように、ピストルを取りだして構えるが、やがて挨拶などして、互いに言葉を交し合い、相手に対してどのように対向すべきか考えはじめる。したがって「対向」は、思考が介在しない本能的「反応」や「反射」とは相違し、きわめて人間的な応答行為である。

古代の人々は動物や植物に対しても人間に対するのと同じ姿勢をとっていた。人間は自然のなかに溶け込みそれと一体となり、自然が直接人間に語りかけてくる「表情」を感じとっている。そこでは自然物の姿を「実体とその属性」として知覚によってとらえず、その表情に直接示される働きを感受する。表情を伴った姿がこちらに迫ってくると世界に対する共感的な理解が生じる。このような自然の表情機能は今日でもなお「うっとうしい天気」とか「神々しい山」などの表現として伝わっている。古代人にとっては自然も人間的に「対向」するものであり、このような古代的特質が今日でも田舎に生き続けている。このように植物や動物を民俗的に考察することができるので、次のような観察はおもしろい。

お百姓さんたちにたとえば植物について聞いてみると、大ざっぱなところもある一方、観察がものすごく鋭く、詳しく、また表現がいきいきとしていて、溜息の出るようなことがある。そして雑草を指して「その人」・「その子」（芽生え）などと呼び、草をも木という。これらの感覚は上古から少しも変わっていないのだ。……いつかある随筆に「ヒヨドリは目尻を怪我して血を出している」と書いたら、「あれは血じゃない。羽毛の色斑だ」と手紙が来ておどろいたことがある。いくら鳥学の幼稚園生のわたしでも、それくらいは図鑑で見ればわかる。ただあれは、双眼鏡で見ていたら、茂みからヒョイとヒヨドリの顔が出たのが、アレ、目尻の怪我！と瞬間思ったのを、そのまま書いたのだった。後に民俗の本で見たのだが、東北から新潟にかけてヒヨドリをメクサレとかメクサレドリとか呼ぶという。メクサレはこの辺でもいうが眼病で、目尻や縁を赤くしていることである。

（宇都宮貞子「身辺雑事」、「創文」一三七号、一三頁以下）

わが家の庭にもヒヨドリがときどきとんでくるが、自然との生き生きとした出会いのなかで直感的に感じとられる表情のゆたかさをこの観察は伝えている。自然は科学によってのみ探求されるものではない。科学的分析以前の直接的な自然との出会いのなかにこそ実在の自然の姿は露わに示されている。このような出会いへと向かうことこそ「対向」の基本運動なのである。対向は自然や芸術作品にも生じるが、人間と人間との間では、「対向」は「相互的」に生じ、言葉を媒介にして成長し、対話を形成する。

人間と人間との出会いは、最初見知らぬ「他人」にすぎない者に「あなた」といって語りかけ、対話の相手として交わりを結ぶことによって成立する。はじめ自分にわかっているのは自分がこれまで辿ってきた道だけであり、向こうからこちらに歩み寄ってきた相手の道のりは知らない。ただ出会うことによって相手の道のりに触れ、わたしが相手に「対向」し、相手もわたしに「対向」し、互いを知ることによって初めて相手は、わたしが本質的に関わりをもつ「他者」となる。「他者」とわたしとは異質な、ただ出会いによって対話する関係になり、自分と同じ「もう一つの自我」や「他なる自我」のように平均化できないものである。なぜなら、わたしはすべての人に出会うことができるが、それは単なる可能性にすぎない。実際には特定の道を歩んで、ある時にわたしの道のりと接触することになる具体的「他者」との出会い、この邂逅を通してわたしは今ある「自己」となっている。

「対向」と「偏向」

さて、わたしはこの特定の具体的「他者」を見過ごすこともできる。もしそうならば、彼はわたしにとって無縁な他人であり、関係を結ぶにいたらない。また、もし相手が「あなた」といってわたしに直接「対向」してきても、わたしはあえてそのような関係行為を冷然としりぞけて、かたくなに自己のうちにとじこもることもできる。このように「対向」に反抗してかたく自己の内にとじこもり、ゆきずりの人々と外面的に接触しながら、自己の欲望と利害のみに関心をもって生きることもできる。このような人は他者との人格的関係に入ることを軽蔑し、人生を自己の目的の手段とみなし、他者と出会って人生から学ぼうとしない。そのため人生の無意味さのなかに転落し、自然や事物にも吐き気をもよおすのである。

カミュの『異邦人』やサルトルの『嘔吐』が描く現代人の姿は、このような関係を喪失した人間である。そこには出会いはなく、ただあるのは物化した人間関係と人間の外的な共在（共棲）にすぎない。そうなるとすべては偶然であり、ただ自我のみが感じられ、他者は不在か敵となってしまう。この他者に向かって関係に入ってゆく「対向」にこそ人間らしい基本行為と生きる意味の源泉がある。それなのに、この「対向」が自己自身に向かう「偏向」となり、自己のみに関わらざるをえないとしたら、どうであろう。これこそ自己中心的人間の陥らざるをえない陥穽であって、自我の牢獄にとじこめられた現代のバビロン捕囚にほかならない。

このようなすべてを締めだす自己主張の「我欲」は、すでにヨーロッパ思想史ではアウグスティヌスやルターが「高ぶり」とか「自己自身への歪曲性」として、つまり「罪」として宗教的にとらえたものであった。それは彼らによって神への「対向」（ad Deum）からの「転落」（ab

Deo）として説かれていた（金子晴勇『ルターの人間学』創文社、一四二、五五九頁参照）。さらに遡ればイエスは神の語りかけを聞く開かれた心、全心全霊をあげて専心神に聴き従うべきことを力説し、「だから、どう聞くかに注意するがよい」（ルカ八・一八）と警告する。すなわち神の言葉を「聞き違えてはいけない」という。確かにパウロが「信仰は聞くによる」（ローマ一〇・一七）と言うように、人格的信頼の基本は他者に対して開かれた聞く態度にある。

聞くことの正常化

しかし「聞く」ためには自分の言葉を沈め、自分を空にしなければ、他者の言葉を聞き入れることは原則的に不可能である。自己に満足し、自己のうちにとじこもっている者は聞くことができない。そのような人の「自我」は肥大化して、すべての他者関係を自己主張によって塗りつぶしているからである。このようになると自我の小部屋には他者に関わっていく窓や出口がなく、個体として自足するだけでなく、完璧な反響装置が備わるなかで、自分が語った言葉のエコーしか聞きとれないようになる。

そこで問題は「聞くことを正常化する」ことではなかろうか。聞くためには自我の外皮を破って自己から歩み出て、他者にむかって「対向」し、「出会いへの出行」を決意しなければならない。「対向」とは自我を放棄し、他者に没入すること、いわゆる「神秘的合一」をめざすのではない。対話の哲学者ブーバーは次のように適切に指摘している。

放棄さるべきものは我ではなくて、あの誤れる自己主張欲、つまり、関係の世界という頼みにならない、緊密でない、持続性に欠けた、見渡すことのできない、危険な世界から事物の所有のなかへと人間を逃避させる自己主張欲なのである。

（ブーバー『対話的原理Ⅰ』田口義弘訳、みすず書房、一〇二頁以下）

したがって対向とは自己中心主義的思想から転じて、他者に向かって自己を開き、他者の言葉を聞いて応答する「関係の世界」に立つことをいう。そのためには「聞くことの正常化」から始めなければならない。

対話の基本運動はまず「聞いて語る」という相手との相互性によって展開する。そこには「聞く」受動性と「語る」能動性があるが、対話の基本運動としての「対向」が先行している。ある対象や実在によって引きつけられて、そのかぎりでは受動的に、しかし、同時にそれに対して「あなた」と語りだそうとする能動的行為が生み出される。

神話と言語の発生における「対向」

科学的思考以前では古代人や未開社会の人々は、ある対象や実在が「汝」として語りかけてくる表情の世界、つまり神話の世界に生きていた。外界の対象から自我が分離して、冷静に距離をおいて見ることができていない場合には、対象の背後に、あるいは内部に見えない力が作用していると感じる。サルはバナナが手に届かないところにあると、兄弟ザルとの奪いあいの経験から、それ自身のうちに反抗する意志をバナナがもっていて、自分の欲望にさからっていると感じ、いらだつ。ところが目前に箱を発見して、それに乗ってバナナを手に入れることができると知るや、箱は自分の願望に共鳴する善意のものと思う。古代人がこれと似た感じかたをするとき、人格の断片的要素が事物のなかに住みついていて、自我がそこに投影されている。このような表情世界のなかから言語は発生してくる。

カッシーラーは神話と言語の発生上の同一現象に着目し、神話時代や未開社会では、ある事物や実在が人々の心をとらえ、専一的な関わりを生じさせ、瞬間的に人間の関心の全体をうばう「束の間の神々」や、古代ギリシア人のダイモーン体験を、つまり「瞬間神」の経験を考察し、神の名称における言語の発生を解明した。ある実在にとりつかれ、恐怖と希望、畏怖と願望の充足といった感情によって人間がとらえられると、人間は全精神をその唯一の対象に向かって集中させる。ここにわたしたちの扱っている「対向」の姿が見られる。この主観的興奮と精神の集中がひとたび客観化されるとき、「瞬間神」の名称が与えられ、精神はこの神の名によって実在の力から解放される。こうして個々の神の名において言語が発生してくる。神話はこのような出来事の一大叙述であるが、こういう神話の現象はカッシーラーも指摘しているところであり、カオスから形象の世界への脱出として、言葉の形象化作用と類似した現象である。たとえば、ヘルダーの『言語起源論』を見ると、人間の意識は、感覚的現象のカオスから、ある特定の実在を引き離し、これに注意を集中してその実在の特徴をぬきだす反省的思考の能力によって言語を創りだすと説かれている（カッシーラー『言語と神話』岡三郎・富美子訳、国文社、四二頁以下参照。なおカッシーラーは「瞬間神」（Augenblicksgötter）の意義をヘルマン・ウゼナーの『神々の名称』（Gotternamen,1896）からとり入れてた。さらにヘルダーの『言語起源論』とも関連づけて論究している）。

このような神話と言語の発生についての主張のなかで、対話の基本運動である「対向」がいかに重要な意義をもっているかを考えてみたい。「対向」はある実在に立ち向かうことであっても、単に意識がもつ対象への指向性をいうのではない。「対向」はわたしが他者や実在に向かう「指向性」を立てていても、この指向性は他者や事物をこちら側から一方的に関わって捉えるところの「対象」、つまり「見るもの」に対する「見られるもの」として客観的にとらえられる「客体」

として立てるのではない。むしろ、わたしの指向が他者や実在の側からきた指向によって引きつけられ、あるいはまきこまれ、ときには圧倒されて否定されるといった出会いの出来事がそこに生じているといえよう。それゆえ「対向」は他者や実在の側からの働きかけを受けて、そこに意識を集中し、その働きかけてくる実在に向かって「汝」を語る運動であり、ここに受動的にしてかつ能動的な対話的状況が開かれていて、「対向」は厳密には「相互的対向」として存在していることがわかる。

二　距離と関係

前節で扱った「対向」は「距離」と「関係」についで考えることによっていっそう明らかに把握される。そのためにはまず「対向」のもつ「運動」について考えてみなければならない。

パルメニデスとゼノン

紀元前五世紀に活躍したギリシアの哲学者パルメニデスは、存在を確かなものと証明するために運動や生成を否定した。彼の教訓詩の断片に次のような謎めいた命題が述べられている。

いざ、我は汝に語らん
汝は聞きし言葉を採用せよ。
探求のどの道がただ考え得るかを。
その一つは在る、そして在らぬことはないと説く道へ
これは説得の道なり、真理に従うが故に。
他の一つは在らぬ、そして在らぬことが必然と説く道、
この道が全く探知しがたしと我は汝に告げる。
汝は在らぬものを知り得ず、(これは不可能なこと)
かつ汝はそれを語り得ざるが故に。

パルメニデスによると真理の道は「在る」とだけいえて、文法上の主語をもたない。「或る物が在る」と言いたいが、彼はあえてそう語っていない。「そして在らぬことはない」と彼は続け、存在しないものが在ると想定する思考の道は誤りである。つまり「存在」のみ語りえて、「生成」や「運動」は否定される。そこで彼の弟子ゼノンは先生のこの命題を論理的に徹底させて、有名な運動否定論をとなえて、次のように言った。

もし物体が動くとすれば、それは在る場所において動くか、またそれが在らぬ場所において動くかである。ところが物体は、その在る場所においては動かず、また在らぬ場所においても動かない。ゆえにいずれにしても物体は動くことができない。

ゼノンは物体の運動する場所を、物体がいま在る場所といまない場所とに分けて考える。場所の全体はけだし物体が現に占めている場所とそれ以外のすべての空間から成立しているからである。そこから物体はいま在る場所では動けないし、いまない場所では物体が不在なのだから運動などありえないことになる。こういう両刀論法は一見もっともなものと考えられるし、場所の分け方も一応は正しい。間違いはゼノンの考え方の前提にあって、運動から時間の契機を排除し、はじめから運動を無視しているところにある。なぜなら運動は時間の経過とともに物体がいまある場所からいまない場所に移って行くことであるから。

運動はいまわたしが立っているところから、いまわたしが立っていないところへ向かって、つまり何かに対向することによって生じている。対話の運動も同様である。それはわたしが自己の主観を超えて他者に向かい立つ「対向」では生起するが、この対向の前提には他者の異質性もしくは他者性という「距離」が設定されており、「対向」はこの「距離」を克服して出会いへと出行する「関係」の行為なのである。したがって対向は距離と関係のカテゴリーを通していっそう明らかにされうる。

物体と生体、動物と人間

運動といっても物体と生体との間には基本的差異がある。生物学者ユクスキュールによると、物体は因果律に従って運動するのに対し、生体は意味ある行動をなし、感受と反応の機能的円環の世界をかたちづくっている（ゲオルク・クリサート『生物から見た世界』日高敏隆・野田保之訳、思索社、六三頁以下のミミズの例を参照）。この考え方を発展させて、現代の哲学者カッシーラーは人間の世界が他の生物を支配している生物学的法則に例外をなすものではないが、人間的な生命が独得な性質を示す新しい特徴をもち、人間の機能的な円環の世界は、量的に拡大されるばかりでなく、質的な変化をも受けていると、次のように言う。

人間はいわば自己を、その環境に適応させる新たな方法を発見した。あらゆる動物の「種」に見いだされるはずの感受系と反応系の間に、人間では、シンボリック・システム（象徴系）として記載される第三の連結を見いだすのである。この新たな機能の獲得は、人間の全生命を変形させる。他の動物にくらべて、人間はただ広さの広い実在のうちに生きているだけではない。人間はいわば新次元の実在中に生きているのである。……人間は、ただ物理的宇宙ではなく、シンボルの宇宙に住んでいる。言語、神話、芸術および宗教は、この宇宙の部分をなすものである。それらはシンボルの網を織る、さまざまな糸であり、人間経験のもつれた糸である。（『人間』宮城音弥訳、岩波文庫、三五頁）

動物の場合、感受と反応の機能的円環が定形的反応や本能的反射の運動となっているのに対し、人間の場合は両者の間に象徴系が形成され、反応は思考過程の介入によって遅延し、言語の世界を創りだす。シンボルを操る動物として人間は、物理的実在の世界からひとたび後退し、「距離」をおいて物を冷静に「物体」として考察し、物それ自体は認識できないとしても、物が人間に現われてくる現象を受け入れ、悟性を通して認識する。カントは人間が世界に関わる関係を悟性のカテゴリーによってうち立てたが、カッシーラーは記号と意味の二つの相関名辞をもっとも重要なカテゴリーとみている。また、記号と意味は言語を通してみられた人間の主観性にもとづいて立てられる。

「間」を構成するカテゴリーとしての「人格性」

ところで運動というものの前提となっている「距離」は人間と自然の世界の「間」よりも、人間と人間との「間」にもっとも顕著に存在する。人間を対話として捉える対話的思考から考察するならば、「距離」は主体と主体との「間」を構成するものであるが、この距離はたえず「あなたと言うこと」、「出会い」、「関わり」という「関係」行為によって橋渡しされる。それらは、「物体」を捉える悟性のカテゴリー、記号や意味の言語のカテゴリーを超えた「間」を構成するカテゴリーとして解明されうるであろう。

そこで主体と主体との「間」に立つ人格、つまり「間人格性」（interpersonality）を通して人格性のカテゴリーを考察してみたい。この「間」を構成するカテゴリーは人格性のカテゴリーとして考察することができる。カントでは人格性はすべての人格に等しく存在する理念であって、神聖なものとみなされていた。人格は神聖な道徳法則を実践しうる主体として物件の「価格」をこえた「品位」をもち、手段とはならない「目的自体」である。このような人格はすべての人に平等なものであるが、その有する普遍性のゆえにかえって観念的であり、具体性を欠いている。具体的人格の世界は各人がすべて独自の個性（Individualität）をもち、それゆえに質的差異をもつ独自性にたって特定の役割を分担し、相互的間柄の関係に立つことによって全体的総合へ向かっている。したがって個性的なる人格性のカテゴリーは単一なものではなく、他の個体との相互的関連と間柄のなかで自己の存在を実現し全うするものである。そこには人格の相互的関係に歩み入る前提として、質的差異、異質性がなければならない。

離隔作用と関係行為

人間は動物と異なり、個は類に無限に優るといわれる。一匹の猫の習性はその類全体に適応できるが、人間の個性から類としての人間の本質を推論することはできない。個人がもっている特殊性と個別性は平均化できず、類概念のもとに抽象することができないし、一般性へと解消することもできない。そこには独自性が認められなければならない。ここでは自己の立場から推論し、感情移入を行なうこともできない。それゆえに原理的に異質で、均質化を拒否する「他者の根源的異質性」が認められる。わたしたちは他者と出会うことによってのみ他者に触れることができるのであって、他者をこちら側で勝手に想像し、その特質を捉えることはできないのである。

そこには人間のみがもっている一つの運動、つまり他の人格との出会いの経験を可能にしている根源的「距離」もしくは「離隔」の運動がある。動物は生物学的要求によって生命を維持し、その行動半径としての周界にしばられて、環境に密着して生きている。それに対し人間の世界は、環境世界（周界）を超えて、それ自体として存在しているもの、それ自身のうちに中心をもっているものとの関係を確立させる。つまり、人間は存在しているものをわたしから距離をもったもの、一つの自律的に存在している「他者」として立て、これに対し「関係」を取ろうとするのである。

確かにわたしたちが「物」をまさにそのものとして認識するためには、一度この「物」から身をひいて、その「物」をそのもの自体として立てる。「物」は近すぎても遠すぎてもよく見えない。物に対し適切に距離をおいて、その物にふさわしくこちらから照準を合わせなければ、的確に物はとらえられない。したがってある物に的中し、適切に関わるためには、その物が自立した他者としてまずあって、それがわたしの方に歩みよって姿をあきらかにすることに照準を合わせなければ不可能であろう。ところが物をそのものとして理解する能力は、環境に埋没し一体化している動物には基本的に欠けている。ただ人間のみが、それ自身のうちに中心と権利とをもつ他者を想定し、これと関係することができる。またそのため、物体をも、それ自身の本質にもとづいて、考察することができる。

このように「対向」のなかにある「距離」と「関係」のカテゴリーは解明できる。それではこの二つのカテゴリーの関係をブーバーが「原離隔と関係」という論文で述べているところを参照してみたい。

第一の運動〔原離隔〕が現われでることにおいては、第二の運動〔関係〕のための場が与えられること以上の事態があるわけではない。第二の運動が顕現するかどうか、そしてまたいつ、いかにしてかということは、もはや第一の運動からは決定され得ない。ここにおいてはじめて精神の歴史が、まさしく歴史として生起するのであって、この歴史は、その永遠の根源を、第一の運動の発動に対する第二の運動の参与の仕方のうちに、すなわち、両者が相互に影響しあうか、相互に反対しあって相殺するか、相共同して働くかという仕方のうちにもっている。（「原離隔と関係」稲葉稔訳、『哲学的人間学』みすず書房、一三頁）

対話の基本運動である「対向」は「距離」と「関係」の二つの運動による相互作用、相互相殺、相互共同の三つの精神的活動として表現されている。「離隔」作用も「関係」行為もそれだけで切り離されると、ばらばらな孤立した個人の寄せ集めとなるか、あるいは自己主張欲のモノローグとなり、いずれにせよ「汝関係」を欠如した「われ―それ」の非人格的世界へと転落してしまう。しかし、このような状況にあっても対話の「聞いて語る」基本運動は、他者との「距離」に立つ「関係」へと歩み入るところの「対向」を、そのつどの一回的な瞬間ごとに呼びおこしてゆく。この瞬間をひとつの持続へと導くものが対話における「主題への集中」である。

三　主題への集中と自己変革

対話と社交的会話とを区別してみると、その違いを対話における「主題への集中」によって捉えることができる。この視点は対話の基本運動のなかで対話を持続的に展開させ、かつ問題解決へ向かって共同的に関わり発展させるものとして加えられなければならない。この「主題への集中」は対話の運動がもつ「持続性」、「継続性」、「目的性」を明らかにし、人間がなす他の実在との邂逅をさらに実り豊かにしてゆく。

共通の関心事を協働的に追求する

対話における「共通の行為」は「共通の関心事」を主題として追求することによって具体的に進展する。対話に主題が設定されないとき、対話はいつのまにか会話となり、閑談や雑談にすべりこんでしまう。対話が進展するためには雑多な関心から統一的主題に的がしぼられなければならない。参加者の関心が一致していなければ、対話は展開しない。そこで討論などの会合にはあらかじめ主題がたてられ、討議はこの議題に沿ってすすめられるべく準備され、主題に関心をもち、議題に責任を負う者のみが討論の場にのぞむことになる。討論は参加者の間の対話から具体的に構成されるが、話し合いから論争に移るようになると、自己主張欲が相手の存在を無視したり、敵視して、相手の息の根をとめる論戦になる。そうすると対話は形だけのものとなり、主題は対話的に追求されず、一方的に説明、説得、折伏《しゃくふく》することになってしまう。

主題への集中は主題を対話の「間」の位置に立てることを可能にするものであって、共同的「間」はいまや主題を「協働的」に追求することによって実現される。したがって対話的に思考するとは、眼の前の他者にしっかりと向き合い、他者の異他性を認め、相手の発言を受け入れながら、共通の主題に協働的に関わり、応答的に思索しながら語ることにほかならない。他者の発言を主題への方向に向けて採用し、わたしの見解と一致する点を確認し、不一致な点を尊重し、主題を継続的に解明するために努力しなければならない。このように自己とは異質な見方と出会わなければ、対話は自己の見解の確認か説明で終わってしまい、主題の進展はありえない。

このような「主題への集中」を故意に避けたり、意図的にはぐらかしたり、すれちがったりする場合が多く見られるが、逆に「主題への集中」によって相手の悪意を論破することも可能である。次にこの二つの事例を代表するものをあげてみよう。

四　発見・受容・自己変革

対話はわたしのうちに発見と受容、そして自己変革を生じさせ、わたしを真の自己のあり方にまで導いてくれる。「発見」とは気づいていなかった隠れた深みと闇とを明らかにし、「受容」はこの自己のうちなる否定的なものを克服するために積極的に他者に関わる試みである。そして、そこで生じる「自己変革」を通して自己は弁証法的に生成の道を歩む。まず、「発見」から考えてみよう。

発　見

子供を観察していて、この発見のプロセスに気づいたことがある。子供がまだほんの二、三歳の幼いころ、鏡台の前に立っていたのをみかけたことがある。子供は鏡に映っていて自分に微笑みかけている可愛らしい女の子の姿にうっとりとし、手をうって喜んでいた。だが、そのうち前の方へ歩いて行き、この相手に近づき、触れてみた。彼女はびっくりしたようだった。見ると、幼い表情は急に変わって、その相手が自分であることに気づいたようだった。

これが自己の「発見」でなくてなんであろう。ディルタイは「理解するということは、汝のうちに自己を再発見することである」(W. Dilthey, Gesammelte Schriften Bd. V, S.191) と言う。つまり、わたし自身の理解と他者の理解とは互いに依存しており、他者のなかに自己がふたたび発見される体験の共通性こそ、総じて理解の働きの前提になっている、と彼は説く。体験がなかったり、あっても狭かったり、未熟であるならば、他者はとうてい理解されない。以前に読んだ本を、二度、三度と繰り返し読んでゆくと、それまで知られなかった部分と層がしだいにわかってくるのも、読む側の体験に依存しているといえよう。

小説を読んでみよう。その小説にでてくる主人公は初めはわたしと関係のない、しかしとても魅力のある、すばらしい人物であると考えたりする。どこかで以前出会ったり聞いたことのある人かも知れないし、その人の運命に同情し涙を流すようなこともあろう。しかし、時をへて再読するか、想起してみると、わたしたちの表情も、先の子供と同様に、急変して、その主人公は他でもないわたし自身であることを発見する。こういう経験は誰しももっているであろう。当初はまったく無関係な人物だったものが、実はわたし自身であると知ることは大変な出来事であって、いままで自覚していなかった自己の「発見」なのである。

対話のなかでも同様な出来事がおこっている。語りあっている相手は、わたしとは思想でも行動でもまったく異質な他者である。自分とは違った人である。ところがこの相互に「距離」のある二人が、対話的に関わることによって「汝」関係になるとき、他者を鏡に映った自己として、「もう一人の自己」として「発見」する。対話のなかでわたしの「自己」は他者のなかに見られるばかりでなく、いまだ知られ自覚されていなかった「より以上の自己」が発見される。ゲーテの言葉でいえば、「わたしの言葉のもっとも本来の意味が、他人の口からさらに内容が豊富に充実しさらに範囲を拡大されてわたしのところへ帰ってきました。わたしの漠然と感じていたものがわたしにははっきりしてきました」ということになる。他者を経過してもう一度発見された自己というものは、対話の「受容」の働きによって、経験を増し加えかつ豊かになった知られざる自己の発見となる。ドストエフスキーの言葉によれば「もう一人の人間」としてわたしの手もとに帰ってくる。

ドストエフスキーの『カラマゾフの兄弟』は苦難という人生の否定的経験を通して新生した人間の新しい自己を主題として、この自己を孤立した自我から復活させている。この復活はキリストによりゾシマ長老の心に生き続ける一点の灯火として受け継がれ、ゾシマからアリョーシャに、さらにその兄へと実ってゆく。アリョーシャは兄にいう。「兄さんは苦しむことによって自分のなかのもう一人の人間をよみがえらせようと思ったんだろうけど、僕に言わせりゃ、どこへ逃げようと、一生涯いつもそのもう一人の人間のことを忘れさえしなければ、兄さんはそれで十分じゃないんだろうか」と。

対話のなかで形成される運動もこの孤立した自我から「もう一人の人間」の発見と復活に等しい現象である。それはともに人間らしい人間、人間の本然の姿に帰ることである。

受　容

人間は自分の力だけで自己の人間を形成しうるものではない。他者との対話的関係のなかで成熟し、他者との協働生活のなかで実践的に自己を開発し、開眼させてゆくところに真の人間の姿がある。そのためには対話のなかで出会っている他者の「受容」がなによりも重要な契機をなしている。この出会いにおける受容の意義と喜びについて多くのひとびとが証言している。親鸞の『教行信証』のなかに「遇ひ難くして今遇うことを得たり。聞き難くして已に聞くことを得たり」とあり、孔子もいう「朝に道を聞けば夕に死すとも可なり」と。死すとも可なりとは聞く「受容」の幸いを伝えている。このような出会いの喜びは人生の不思議であり、また運命である。人生に自分の欲求や願望のみを求めるのではなくて、人生自身の問いかけを聞き、人生から学ぶという謙虚な態度が他者の「受容」を可能にしている。

「受容」は「承認」とは違う態度である。わたしたちは他者の意見や生き方を知らされたとき、これを単に「聞きおく」場合と、この他者の意見や生き方を自分のうちに採用するのとでは、同じ「聞く」といっても非常な相違がある。単に「聞きおく」というのでは相手の意見を「承認」したのにすぎず、真に聞くのとはほど遠い。真に聞くというのは、他者の言葉を自己の生き方のなかに受け入れ、自己の生き方を変えてゆく変容にまで達しなければならない。つまり「受容」は自ずと「自己変革」をもたらすものであって、そこには今までの生活をあらためる出来事が生じている。この受容はしかし他者の意見にまったく屈服する隷従ではない。そうではなくて、今までは隠れていた真の自己、つまりドストエフスキーの「もう一人の人間」が古い人間の殻を突き破って新生してくることをいう。そういう意味で「受容」に続く「自己変革」は新しい人間の誕生といえるであろう。

自己変革

このような新生が対話による言葉の出来事として成立するためには、言葉を外的音声として聞くだけではなく、内的に聞く、つまり心の奥深く言葉をきざみ込まなければならない。宗教改革者ルターによると肉声によって語られた言葉である外的言葉を人間の内心にきざみつけるのは人間を超えた神の霊のわざである。彼は言う、「御言葉は使徒の口から出て、聞く者の心に達する。そこに聖霊がいまして、聞かれるように心に御言葉を刻み込む。このように説教者はすべて形を創りだす芸術家である」（WA. 40, I, 649, 11ff.）と。彼によると聞く作用は音声の刺激によって生じるが、この言葉の外的響を通して内的に意味をえさせるには神の霊が心の肉碑《ひ》に内的に言葉を刻印し、内なる変革が生じなければ、真に聴くことは成立しない（金子晴勇『ルターの人間学』前出、四一一頁以下参照）。だが、神のわざを受けるためには人間は謙虚な信仰に立っていなければならない。そのようであるなら信仰とは自己の悲惨な現状を悲しみ、真の自己になろうと内的変革を決意しながら他者（神）の言葉を聞く態度であることになろう。

このように内的変革は古い自己に死して新しい自己に甦ることであって、死を通して新しい生へと飛躍する生き方はすぐれて弁証法を形成する。ドストエフスキーの苦難を通しての「もう一人の人間」の復活もこの弁証法を証している。対話のなかでの生はこのように自己に死して他者との新しい関係のなかに生きるように発展する。それゆえ対話の基本運動は、内容的に見るならば、発見・受容・自己変革を伴っている。真の自己はもはや単独者の狭き路に立ちとどまるのではなく、対話的生のなかで飛躍的に自己の姿をあきらかにしている。単独者としての自己は対話を通して他者との関わりのなかで成熟して他者との共同的世界を担う主体となっている。こうようになってこそ人間の創造的な力は協働性の自覚として明らかな姿をとって現われてくる。これは自己の本来的存在への飛躍であり、対話のなかで、発見・受容・自己変革のプロセスによって実現する。

このような自覚もしくは認識は、対話的生の奔流にみずからを投入し、実践的にのみ開眼されるものであって、客観的に論証される独語（モノローグ）とは異質な、対話から生まれてくる。なぜなら人間と人間、もしくは他の実在との「間」の領域は、そこに踏み入ることなしには開かれず、その場でのみ、モノローグ的主観性からは見えなかったものが、開き示されてくるからである。この開眼と同時に自己の転身、もしくは生き方の転調とでもいうべき現象が起こってくる。人間は生涯のなかで幾度も転身を迫られて、古い自己を脱皮して、真の自己にまで成熟していってこそ、人間としての人間の簡素ではあるが尊厳に満ちた完成に近づくといえよう。この転身はこれまで考察してきたように他者との邂逅と対話のなかで生じる。

Ⅳ　対話と生活の向上

一　生活の向上

対話による出来事としての「生活の向上」つまり「生の高揚」が興ってくる。対話するというのは他者を受容することであり、「あなた」や「汝」との関係に入ると、それだけ自己が大きなものとなる。この関係のなかで生じている出来事にはたえず「生の著しい高揚」が見られる。対話の領域は「あなた」と語って呼び開かれる人格的関係の世界である。恋愛の高揚のことを考えれば、このことは容易に理解される。このような「間」の領域は人間的「間柄」と「仲間」の世界でもあって相互性による意味の充実が「共有の実り」をもたらす。それゆえすばらしい創造の世界である。そこではわたしたちは自己を人格として創造し、創造的世界の創造的要素として世界を担っている。この世界は心身の全領域にまたがっている。こうした「あなた」によって呼び開かれる対話の世界は、これまでの主観的な意識の世界とは本質的に異なっている。しかし「あなた」の世界は「それ」の世界へ転落する可能性をもっている。「それ」の世界とは冷静な事物的経験の世界である。この事物的経験の世界では、人格的な他者といえども事物と同じように扱わざるを得ない。したがって他者も事物のようにしか把握できないことになる。

また、もし他者を自己と等しいものとして捉えるならば、他者が本来的にもっている異質性や異他性もしくは独自性は排除されてしまう。そうすると意識は主観の意識の外に出ることはできない。なぜなら、トイニッセンが説いているように、真の他者はわたしの意識に対し「否定性」として現象せざるを得ないからである（M.Theunissen, Der Andere, S.243ff.）。すなわち他者はこちらで予想することができない仕方で自己を表明する。このような異他的な他者との出会いは、対話のなかで日々に起こっている。それゆえ、これまでの主観主義的な態度に創造的な世界をもたらす「対話の原理」を投入する必要が生じるのである。

二　ドストエフスキーの作品解釈

そのことを現代ロシアの思想家バフチンはドストエフスキーの創作活動から的確に把握してい

る。彼はこの偉大な作家の精神のなかに「対話の原理」の重要性を指摘する。

その作品では他者は自我によって統一的に把握されることは全く見られない。小説の登場人物は対話を交わしているが、それは二つの全く別個な意識であって、ここでは自我と他我とは融合されることはない。このように自他を把握することにこそ、創作家として真の独創性が認められる。というのも小説家は自分自身とは相違した人物を創造するからである。その際、小説家は感情移入もしくは同一化によって登場人物の側に身をおくが、次に感情移入とは逆向きに動いて登場人物の外に自分自身の立場を移すことによってその人物を独自な存在として仕上げる。

バフチンはこの運動を「自らの外部に見いだすこと」と言っているが、「エグゾトピア」(exotopia)と一般化して言うことができよう（ツヴェタン・トドロフ『ミハエル・バフチン　対話の原理』大谷尚文訳、法政大学出版局、一八三頁参照）。したがって作者が自分の登場人物を完成し、芸術的に仕上げるためには、作者が登場人物に対して外的になる必要がある。この外的になると言うことこそ「対話の原理」であって、これによって単なる抽象的一般化に陥ることなく真に創造的な人物が生み出される。こうしてわたしたちは対話の原理が主観的な意識のなかに投入されて初めて、真実な意味で生きた人間を見いだすことになる。

三　人間関係の相互性

次にわたしたちはブーバーが力説した人間関係の相互性を拡張し、事物的な経験の世界にも適用しなければならない。それによって事物の世界も相互性の原理によって生かされ、事物的な対象は主観からの一面的理解を越えてリアルな現前にもたらすことができる。つまり、わたしが対象に関わってそれを現前させる仕方は、対象がそれ自身の主体をもったものとしてわたしに現われてくる顕現に調子を合わせ、しかも普遍的で必然的な仕方で把握される。ここではわたしたちはもはや他者と関係する相互的で有限な存在であって、自己から一切を創造する神のようなコギト（主観的思考）ではなく、対象との生ける相補的な関係に立つことになる。

こうして関係的主体は関係的客体と交互的に交代しうる。対話はこのような交互的な関係存在を端的に示す。ここでは主体と客体との相互関係は、コギトによって「考えられた事物」ではなく「考えられうるもの」の現前化が与えられており、これに思考が「あなた」と語って関与するように導かれる。それゆえ現前化された対象はまず「あなた」として信じられ、この「信」は客観的知識から深淵によって隔絶した他者の現実的な存在を肯定する。この「原初的信」の基礎に立ってコギトは展開する。したがって対話的な「あなた」への対向こそ、わたしの志向性を喚起する。つまり「あなた」がわたしを真の意味で「わたし」となしている。ここに「あなた」の「わたし」に対する優位がある。

さらに対話概念の拡大が試みられなければならない。対話は言語を越えた領域にも拡大され、共感や共鳴などの身体的・情緒的関係、また実践的レヴェルの無名なすべての関係も対話の一段階として把握されなければならない。なお、対話には対立・緊張・批判が前提され、自己と矛盾しないような「あなた」は真に語られないとみなさなければならない。したがって「敵対」にまで対話の関係が拡大されてくる。

四　対話的な生活と間主観性

このような意義をもっている対話の原理をわたしたちは人間の自己理解に採り入れて再構成する必要があるといえよう。とりわけ個人的な主観性を強調してきた近代の人間観が挫折している現在、この試みのもつ意義が大きいといえよう。というのは今日「哲学すること」の全体は「主観性から間主観性」への方向をとってきたからである（金子晴勇『現代の哲学的人間学』知泉書館、

第Ⅰ部第五章一一三—一五二頁参照）。

近代思想を特徴づけてきた主観性、もしくは主体性が現代になると自己主張欲に汚染されたものとなって、主観性と間主観性とは対立する概念となり、主体性を方向転換させることが不可欠となったといえよう。したがってわたしたちは主観性のもつ問題性を意識することによりそれを克服できる間主観性へ向かって哲学的な思索を模索すべきである。それゆえ「主観性」をその堕落形態である自己主張欲ではなく、「究極の」あるいは「根源的」という意味合いで理解するように心がけるべきである。

なぜならば現代の哲学的人間学を創始したシェーラーの「世界開放性」も、同じくプレスナーの「脱中心性」も、人間の主観的な意識の特質を述べてはいるが、それだけでは世界に対する意識の超越作用を言い表わしているにすぎず、その全構造は対話的な再構成において初めて実現されるのではないだろうか。人間の意識は世界に対し距離をもって関わり、単に世界を物的な対象として捉えるだけでなく、世界に関与する仕方、つまり関係のとり方に二重の態度をとることができる。したがって対象に対し十分に距離をとって客観的に関わるのみならず、同時に距離を近づけて親しく関わることもできる。前者がブーバーが言う「それ」関係であり、後者が「あなた」関係である。こうした二重の態度をブーバーは分けて論じているが、これに応じて対象の方も二重の仕方でわたしたちの前に現象してくる。あるいは自己を啓示するといえよう。それゆえ、対象に対して対象自身に相応しい仕方でこちらから照準を合わせて関わるとき、対象はそれ自身の本質を啓示するようになる。

このような存在の現われ方に応じて主観性がその意識の志向性を対象に向けるならば、そこには現実的に事物との間に間主観性が成立するようになる。とりわけ対話の関係が他者や他の実在との間に成立するときには、対話の相互性によって「間柄に立つ主観性」が明瞭に自覚されてくる。つまり対話する人は他者や他の実在に向かって「あなた」と呼び掛けて対向する。このように呼びかけることによって一つの世界が呼び拓かれてくる。ここには一つの関係―世界が人格的関係のなかに呼び拓かれてきており、精神の「世界開放性」よりもさらに偉大な「世界の創造性」が起こってくるといえよう。

五　対話による生活の高揚

長い旅をして家に帰ってくると、充実した生活感情がもてるだけでなく、自分でも人間が大きくなったような気持になる。それはおそらく物事を皆がみているのとは別の観点から眺め、多角的に考察するようになったからであろう。もちろん、すべての人がこうなるとはかぎらず、いっそう偏狭な考えに閉じこもる人も多い。

対話のなかでの自己形成とモノローグ的な自己形成との違いがここで明らかとなってくる。対話するというのは他者を受容するということであり、「あなた」という関係に入ると、それだけ自分が大きなものとなっている。この関係のなかで生じている出来事は、ときにはそよかぜのような静かな動きであることもあれば、激しい暴風のような格闘であることもある。しかし、静かであっても止まっているのではなく、激動のなかにあっても静けさを失っていない。静中動、動中静の生き生きとした流れのなかに対話の精神は育まれてくる。そしてそこにたえず「生の著しい高揚」を見ることができる。ブーバーはこれを「ひとつのより以上」(ein Mehr) であると言う。

しかもニーチェが「人は聴くのであって探し求めるのではない。受け取るのであって、誰が与えるのかは問いはしない」(『この人を見よ』阿部六郎訳、新潮文庫、一〇四頁)と述べているように、物品のごとく贈与者がはっきりしていない。ただあなたとの関係の場では自己からだけでは生じていないもの、つまり、この関係のなかに眠っていたもろもろの可能性が言葉の光を受けて現実化されたものを、共有の実りとして受けとるのである。これが対話における生の高揚である。次にこの高揚感について詳しく見てみよう。

1　真の相互性の充実

対話の間に生じているものは、すでにこれまで繰り返し述べてきたように「相互性」の実現である。対話は基本形式からいっても聞き手と語り手が交替しあうもので、形式からすでに相互的である。しかし、形式上対話的であっても内容がそうでない場合が非常に多い。その際、相互性の充実が問題となる。相手によって受け入れられているという相互的受容は充実感をもって対話の現在を満たし、対話の喜びを創りだしている。対話の「相互性」は物的交換の正義より優るものである。交換の正義が前提としているものはすべてを量に還元する数学的な計算である。しかし対話の「相互性」は量ではなく質に関係する。だがこの質は同質なることを考えず、その尊厳における対等の質を求める。この対等の質と質の間の関係は愛であって、愛において両者は共有の実りとして相互性の全き充実に達する。

2　愛の空間性

対話のなかで愛は相互的に関わりあう共同の空間、つまり交わりの場をつくっている。ビンスワンガーによると、愛における相互存在の「空間」は互いに「譲り合う」ことで形成される。彼はエリザベス・ブラウニングの詩によって愛の場を構造的に示そうとする。

故郷や天国の名前は遠くに消え去った。
ただあなたのいるところにのみ一つの場が成り立つ。

この詩のなかにある「あなたのいる」ということが、相互的存在構造の秩序原理であり、「あなた」が存在するところ、「わたし」が身体的に現に存在しなくとも、最高の場の原理である「わたしたち」が存在する。わたしたちにおいてわたしとあなたはすでに相互に属し合う者として存在するがゆえに、わたしはあなたのいるところ、そこに存在することができる。あなたの存在がわたしの在所を決定している。わたしとあなたの「ここ」と「そこ」という場所的な方位づけは、愛の相互承認、相互の譲り合い、もしくは愛しながらのわたしたちとしての存在性格の根拠にもとづいてのみ可能である（L.Binswanger, Grundformen und Erkentnis Menschlichen Daseins, 1962, S.29f.）。

このような考えに立ってビンスワンガーはいう、「現存在がそれ自体ですでに邂逅の性格をもっているときにのみ、言い換えれば〈わたしとあなた〉がすでに現存在の存在構造に属しているときにのみ、〈わたしに〉と〈あなたに〉とからなる愛は一般に可能である」（op.cit., S.84）と。この愛によって現存する空間性は現象学的にいうと、対象的な物体として観察されうる近さや速さから完全に独立し、自己自身の充実の法則にのみ従っている。ここにハイデガー的「関心」に対する「愛」の現象学的優位があると彼は主張する。

愛が誤ってモノローグ的である場合には、愛は欲望の刹那の一瞬に消滅し、人間の生を破壊する。それに対し対話のなかでのみ愛は持続する。いな、単に持続するのみならず、人間がそこに住まいそこに安らう在所を愛は創造する。それゆえ、コペルニクスによって破られたコスモスとしての世界住居は、変動しやすい時間のなかにではなく（ヘーゲルはこの歴史＝時間のなかに住居を建てようとした）、人間的空間としての愛の対話的広がりのなかに求められうるであろう。

3　生の意味の検証

対話のなかでは生の意味をもはや問う必要がないほどに生きる意味の充実が感じられる。ブーバーは「生の意味が言い表わしがたく証験される」（前掲訳書、一四七頁）という。この生の意味は地上の生活とは別の生という意味ではなく、生ける世界の意味が対話のなかから受けとられる。したがってキルケゴールが婚約者を棄てて、現世否定によって生の意味に達したようにではなく、婚約者との関係をたずさえて、その関係のただなかに生の意味は対話によって確立されるといえよう。ところでブーバーはこの対話的「あなた」から非対話的「それ」へと転落するのは、「わたしたちの運命の悲壮なる憂愁」であるが、それにも関わらず、邂逅の「間」の出来事を通して語りかけてくる「生の意味」自体は決して「それ」に変化することはないという。この「生の意味」が出会いのなかの常に変わらざる生ける「中心」となる。この「中心」は「中心的あなた」として真の共同体を成立させ、この中心へと転向させることによってさまざまな関係の孤立して散在する瞬間が結び合わされ、「あなたの世界の連続性」が保たれ、こうして「生の意味」が確固たる歴史を形成してゆくとブーバーは主張する。

対話の間にはこのように「愛の空間性」のみならず、「生の意味の歴史性」も確立される。つまり、対話のなかには愛による広がりと意味の持続とが生起している。ところが愛による広がりが現実にはさまざまな意味を結び合わせるすぐれた融合とそれによる理解を導き出すと言えよう。

4　視界の融合

愛の広がりは他者の視点を自己のうちに受容してゆく視界の融合であるとガダマーはいう。対話的に出会うことによって他者の理解とわたしの理解とが一つに融け合い、わたしの視界と理解が拡大してゆくことが起こる（Gadamer, Wahrheit und Methode, S.289f., 375）。彼によると、わたしの考えに対立し矛盾している意見や生き方は、それ自身の権威を主張し、それ自身の立場の承認を強要してくる。まさにそれゆえに、それを理解しようという作用がわたしに起こってくる。このような全く未知の他者としての「あなた」の経験の逆説から、他者によって働きかけられて成立する「作用史的経験」の事実が明らかになる（op.cit., XXi (Vorwort)）。このような経験はわたしとあなたの間に生じ、あなたとの出会いを通して体得される理解作用である。理解とはこのように他者によって働きかけられて、わたしの視界が他者の見方、考え方を受け入れることによって広がってゆくこと、つまり視界の融合であり、これは対話のさなかに実現する。

5　精神の共感と共通価値の追求

対話のなかの感情的側面では共感（同感・同情）が意志的側面においては共通価値の追求が起こる。対話に真剣にたずさわっている人は、相手を議論によって征服し、話し合いでまるめこみ、幻惑し、ペテンにかけて、自己の絶対権を確立するような愚行を原則的に拒絶し、むしろ相手の関心に注意を集中し、専心的に他者に対向して、共感を得ようと願う。あるいは逆に最初に相手との共感が強く働いて、わたしたちを他者に向かわせ、対話へ導くといえよう。いずれにせよ他者と共感する心の作用は人間の心のうちでもっとも繊細で感じやすい、しなやかな部分であり、人間精神のとても優美な働きである。

このような「共感」は「共属意識」から生じ、これはまた「共同体」に発しているとシェーラーはいう。他者との「一致感」が生じる背景にはそのような「共同」の地盤が想定される。たとえば、外国で同国人に会うとたいへんな共感を覚えるのもこの理由からかもしれない。ところが対話では自己とは原理的に異質な他者との関わりが先行するため、「共同体」といっても共同社会のように地縁的、血縁的結合によるものではなく、いっそう高次の精神的自覚による共同が対話のなかで共感を起こしているのである。

したがって共感は感情や情緒的なものであるにも関わらず、シェーラーが指摘するように、そこに精神の共通な価値指向が含まれている。共感こそ自他に共通な精神的価値の追求へとわたしたちを向け、対話のなかで各人は自己についてではなく、また他者についてでもなく、自他に共通な価値について互いに証言し合う。たとえば自由についてモノローグ的語りが一人の者だけの自由として専制政治や独裁となるのに対し、他者と対向して語る対話のなかでは、一方の側の無制限な自由はとうてい考えられず、他者と関わりあう状況のなかでそのつどの間柄的にして関係的＝相対的自由が存在する。このことを互いに証言しながら確認されることは、他者に対する責任によって協働的に生きる自己責任の自由こそ、人間にゆるされ与えられている自由の本質なのである。

6　関係としての自己

自己を関係としてとらえたのはキルケゴールである。彼は言う、「人間は精神である。しかし、精神とは何であるか。精神とは自己である。しかし、自己とは何であるか。自己とはひとつの関係、その関係それ自身に関係する関係である」（『死にいたる病』桝田啓三郎訳、世界の名著、四三五頁）と。この関係は自己の内なる永遠性と時間性、無限性と有限性、自由と必然との矛盾的関係であり、この関係の乱れから自己を超えた永遠者との超越的関係へと発展する。しかしキルケゴールの世界には現実の他者が欠けている。だが、このように言うのはおそらく正しくない。むしろ、他者に直接関わるのではなくて、他者に関わる関わり方が自己のうちで反省されて捉えられているというべきであろう。このような自覚的な関与によってこそ真に理解される。

それゆえこの関与をもとの具体的他者との関わりにもどして考えてみなければならない。人間は他者、他の実在との関係交渉における現存在であり、自己たることとの本来的存在は関係のなかで関係をとる、他者との「間」を生きる存在である。この主体としての存在は身体を通して他者との交渉関係に生きる実践的主体である。しかし実践というからには、身体を介して物体的世界にもつらなりながら他者との現実的関係に立つ、これが関係としての自己であるといえよう。

このような関係によってのみ自己は真正な人格概念を確立できる。この人格の概念はカントが強調したように、それ自身のうちに中心と尊厳とをもち、けして手段となることなき目的自体である。しかし、人格はもとはペルソナ、つまり仮面を意味し、俳優が付けて特定の役割を演じたのであった。つまり人間が仮面をつけて演じる社会的役割をも表明する。関係としての自己はこの両者をあわせもつ。つまり、一人ひとりの個人の人格としての尊厳をカントとともに認め、人格が道徳法則を担う主体としてそこに神聖さを認めるだけでなく、この人格の価値はそれ自身の内面のみならず、他者に対し進んで「あなた」と語りかけて関係を創り出す実践的主体に求められる。この他者に向かう関係行為をはなれ、自己の内に閉じこもると、そのような自己は単なる「個我」（エゴ）に転落し、すべてを自己本位に経験し利用し享受する自己主張欲に堕ちている。これに対して真の人格は他の人格を目的として立て、これに「あなた」としての関係をとり、実践的に関わることによって実現する。

7　他者を歓待する美しい心

他者に対向し、歓待するという心の躍動のなかで生きるならば無限に明るく成長する。かつて内村鑑三が天然を讃美し、樹木は下より見るよりも上から見た方が美しい、樹木は太陽に向かっているから、と言ったことが想起される。人間も同様であって、自己献身的に他者に向かい、そのことを通して神に奉仕する人間の顔は美しい。そこに人間の本然の姿が実現しているからである。

対話のなかではわたしたちは自分が話すのと同じだけ、否、むしろそれに優って相手の語るところに注意を集中させている。この他者に心を開いて向かっている精神の歓待は、顔《かんばせ》の表情に美しさと輝きをそえる。人間の目は前方に向いており、自分の方には向いていない。だから、他者に対向し、他者を歓待するとき、人間の顔はとりわけ美しく、よりよいものとなっている。しかし、自己に執着し我意を押し通そうとするとき、人間の顔は歪んでしまう。だれでも客を接待するとき、できるかぎり美しく飾り、相手に不愉快な思いをさせないように心がける。気持のよい挨拶の声、明るい目、歓迎の笑顔、信頼に満ちた語りかけ、これらは応対の美であって、人間の本性にぴったりあっている。

V　自然との対話

神および人間と対話する「対話的人間」の姿をその基本的な運動を通して考察してきた。次に同じことを自然と対話する人間の姿として捉えてみたい。そこでわたしたちは、神と人間にならんで、かつそれらを包括する自然との関係を問題にする。そのことをドイツの大文豪であるゲーテを通して考えてみよう。一般に詩人や画家は自然や世界、風景と対話する。ただゲーテのもとではその対話がもっとも明瞭なイメージを提供してくれるので、自然との対話の例としてふさわしいといえよう。

一　ゲーテの自然との対話

自然はゲーテのもとで創造力に富み、賢明で、恵み深いものとして語りかけてくる。こうして自然との純粋な交わりが彼の文学では広がっている。自然は彼にその秘密をもらすが、それでもその内奥はなお隠れており、それによって彼を魅了する。

「自然」と題する断片

おそらく彼の「自然」と題する断片にそのような意識の完璧な表現が与えられている。

おお自然。わたしたちは彼女にまわりから包まれ、かたく抱かれている。……彼女はたえまなくわたしたちと語るのであるが、その内奥の心をあかさない。……自然は純真な子供たちのうちに生きている。そして母なのだ。……自然は不断に思索し、瞑想する。しかしそれを、人間としてするのではなく、自然としてするのだ。彼女は一切を包括する自己自身の考えをいだいているが、何人もそれを見て取ることはできない。……彼女は恵みふかい。わたしは彼女の手になる作品をことごとく讃美する。彼女は賢明で、おだやかだ。彼女から愛の告白を強いて引きだそうとしてはならない。彼女がすすんで与えようとしない賜物を奪いとろうとしてはならない。……わたしは自然について語ったのではない。実際そうではない。正しいことも、間違ったことも、語ったのはすべて自然なのだ。すべては彼女の罪であり、すべては彼女の功績なのだ。　（Goethes Werke, Hamburger Ausgabe, 1966 Bd. 13, S. 45ff.）

ゲーテは自然について語っているのではなく、自然が語るのを聞いて、これと対話をしている。詩人のこの受動的態度を後にふれるように、ワーズワスやキーツも強調している。

『ファウスト』

自然の豊かな富のなかで詩人は自然がやさしく愛し、守っていることをはっきり感じている。『ファウスト』の「天上の序曲」で主は天使たちに同様に語っている。

だがおまえら、神のまことの子たちはな、
生きたゆたかな美しさを見てたのしむほうがいい。
永遠に創りはたらく生成が、
おまえたちのまわりには愛のやさしい垣根をめぐらすがいい。

（『ファウスト』手塚富雄訳、中公文庫）

天使たちがこのように命じられているのに、地上の人間は迷いに迷いを重ねている。天上の美と地上の快楽に引きさかれた人間は努力するかぎり迷いはやまない。だが、自然がやがて澄みきった境地へ人間を導いてゆく。

『ウィルヘルム・マイスターの修業時代』

この有様を見事に捉えたのが『ウィルヘルム・マイスターの修業時代』である。この傑作のなかで主人公が演劇を通して人間としての成熟と完成にいたる道程が見事に叙述された。しかも彼はその道程を「対話」による人間形成として、自然のなせるわざとして捉える。

はじめに登場してくる恋人マリアーネとの対話ではウィルヘルムは相手が眠ってしまっているのに一方的にしゃべりまくり、幸福に酔って感激の叫びをあげる。すると、恋人は目をさまし、愛撫で自分の狼狽を隠したほど驚くのであった。ウィルヘルムは演劇の理解でも自己主張をまげず、神々の会議から帰ったばかりのように自信にあふれ、創造のはじめに生まれた大きな赤子のように善良にして無垢である。こうした青年が多くの人々と出会い対話を交わすことによって成熟してゆく。彼は劇団の人たちのなかでは対話の相手を見いだしても、その進展がまれであったのに、演劇の専門家ゼルロのところで久しぶりに自分の本源に復帰した気持をもつ。

これまでは話をしても、彼はわずかに受け答えのできる聴手しかもっていなかったのに、今は自分を完全に理解するのみならず、自分の話を自分に教えつつ返してくれる芸術家・専門人と話をする幸福をもっているのである。（小宮豊隆訳、岩波文庫以下同じ）

さらに〔友人の〕ロターリオのところで生まれて初めて「対話」を経験する。

この仲間にはいって私は、あえてそういいますが、生れて初めて対話をしました。生れて始めて私の言葉のもっとも本来的意味が、他人の口からさらに内容が豊富に充実し、さらに範囲を拡大されて私のところへ帰ってきました。私の漠然と感じていたものが私にはっきりしてきました。さうして自分が考えたことを、私は目に見ることを教えられたのです。……他人が私たちの考えに全く同意してくれる時に、私たちは初めて私たち自身になれるのです。

対話における他者の意義がこのようであるが、〔わが子〕フェリックスを自分の子として発見することは他者との出会いを最高の意義あるものとさせた。子供は父を「永遠」に結びつける自然な絆である。子供のことを考えて、父が「数世代にわたる持続性」をもとうとするのは、永遠に対する責任を意味する。もっとも近い「他者」として子供を発見すること、および、この他者への献身の決意をもって彼の修業時代が終わる。そして「自然が君をそこから卒業させてくれたのだ」と結論的に語られる。この自然は個人を完成に導く共同体としての社会を意味する。この共同体は人間的自然であって、自然の語りかけにゲーテはここでも耳を傾けている。

二　ワーズワスの「賢い受身の立場」

対話について考えるきっかけを「対話的状況」に求めてみたい。この状況は対話の哲学者ブーバーによって人間世界にある「狭い尾根」とか「間」の領域といわれていた。尾根は山の二つの斜面が連続して接しているところであるが、この斜面の一か所をとりだしてみると、両側の谷間から延びてきた二つの線が一つに切り結ぶ接触点として尾根はある。二つが出会う前はお互いに見知らぬ他人にすぎず、無縁なものであったが、この出会いは新しい認識をもたらすのである。このような出会いの経験は人間と人間との間だけでなく、他の事物や形象との間にも成立する。たとえば自然や絵画また音楽は、注意深く聞く者にとって語りかけてくる言葉であり、見たり聞いたり感じたりする具体的時間を充実させ味わい深い意味で満たす。

自然に耳を傾けている詩人のことを例としてとりあげてみると、詩人は自然が語るのを受身になって聴いているように思われる。イギリスの詩人の代表とも言えるワーズワスは、分析する悟性によって構成する科学的知識をまず否定する。

差出がましい智能は、
美しい物の形をそこねる、
——私たちは分析して殺すのだ。

（佐藤清『キーツ研究』詩声社、二八頁）

彼は対話形式の詩『諫告と返答』のなかで湖畔の石の上に座り、終日自然のなかで黙想し、書物と人間に向かわないことを「諫告」した友への「返答」を次のように歌っている。

目はひとりでにものを見るし、
耳にきくなと言ってもしようがない。
どこにいようと、わたしのからだは
わたしの意志におかまいなしに感じるのだ。

またわたしは、宇宙には諸々の力があって
自然とわたしらの心に印象をきざみ
わたしらは賢い受身の立場に身を置いて、
心を養うことが出来ると思うのだ。

不断に語りつづける
この荘厳きわまりない万象のうちに、
おのずから現われ出るものが何一つなく、
ひとは絶えず探し求めねばならぬと君は思うのか。

だから、これで僕は話をしているのかも知れないから、
問うのはよしてくれたまえ、何故ここにひとり、
古びた灰色の石に腰を下して
夢うつつに時をすごすのかと。

（『ワーズワース詩集』前川俊一訳、彌生書房）

詩人は無為に時をすごしているように見えるが、自然の語りかけに耳を傾け、話をしているのだという。「賢い受身の立場に身を置いて」(in a wise passiveness)「不断に語りつづける」自然と対話を交している姿がここに見事に描かれている。

三　キーツの「消極能力」

同様にイギリスの詩人キーツも詩人的気質を受動的なものと考える。彼はこれを「消極能力」(negative capability)という。この受身は彼の『キーツ書簡集』を読んでみると、とくに「怠惰気分に働きかける朝の美」によって起こってくるものとして語られる。鶫《つぐみ》にことよせて「わたしはどんな本も読まなかった。――この朝は言った、わたしは正しいと。――わたしは朝のことしか思わなかった。そして鶫は言った。わたしは正しいと。そして鶫はこう言うように思われる」と述べて、鶫の言ったことを詩に表わしている。その声は自然そのものが語っているようだ。その詩の一部だけをここに引用する。

そのおまえにとって春は三重の朝であろう。

おお、知識をさがしまわらぬがよい。私は知識をもたぬ。
しかも私の歌は暖気と共に自然にくるのだ。
しかも夕ぐれは耳をすましてきいている。
怠惰の思いを悲しむものは怠惰であるはずがない。
自分で眠っていると思うものは目を醒ましているのである。

（『キーツ書簡集』佐藤清訳，岩波文庫）

詩人は自然に対し受け身になって、その語りかけを聞いている。すると詩人の心に一つの実在が立ち向かってくる。これを詩人は言葉でとらえて明らかな形象に結晶させる。これは単なる知識ではない。知識は自然を対象として距離を取って冷静に分析し、固定させ、これを分解して部分的断片としてしまう。詩人は自然に言葉を吹き込んで、自然がものを言うように生きかえらせる。それは自然自身が人間の言葉を借りて自己創造するということである。この有様を捉えたのがドイツの詩人リルケであった。

四　リルケ『ドゥイノの悲歌』の「物たち」

自然が人間の言葉を通して語ることによる形象化が起こっている。なぜなら自然の真実の姿は、詩人の言葉を必要としているからである。これを見事に把握したのがリルケの『ドゥイノの悲歌』第九歌であって、そのなかで「物たち」のこの状態がよく表明されている。

しかし理解せよ、そう言うのは
物たち自身もけっして自分たちがそうであるとは
つきつめて思っていなかったそのように言うためなのだ。
恋するものどうしが大地の力にうながされて
情感のみなぎるとき、そのいぶきをあびて、
物たちの一つ一つが歓喜にみちて躍動するのは
言葉を発するすべをもたないこの大地のひそかなたくらみではなかろうか。
（手塚富雄訳）

恋人たちに自然を美しく語らせるのも大地のはかりごとであり、かつ、策略によって普通の語り方とは違う生命の躍動と充溢へと自然が働きかける。このように言語をもたない自然との関わりは、自然との対話によって成立し、この対話的状況にはまず耳を傾けて聞く受け身の態度が根本的前提となっている。「人間は耳を二つもつが、口は一つしかないことを忘れるな」との古代ギリシアの哲学者ゼノンの言葉は、人間の自然が語るよりも聞く働きを二倍にそなえている事実を的確に示していると言えよう。

Ⅵ　対話の協働と人格形成

はじめに

今日、対話の必要がしばしば言われるようになった。しかしそこには対話の真の精神が失われ、単に対話を手段にする危険な傾向が見られるようになった。現代に対話が要請されている背景として三つの問題があるように思われる。

（1）個別科学の発展により、人間に関する知識が増大したにもかかわらず、人間の本質についての理解が不明確である。

（2）現代の哲学においては世界観への関心が強まり、人間自身の世界との関係が分からなくなった。

（3）それゆえ特定の世界観から自由になって人間の存在や認識についての新たな見方の構想

が求められた。

こうした状況の中で人間存在を他者との具体的な関連のなかで考察し、これまでのように理性だけでは解明できない人間の特殊な次元を解明する要請が生じてきた。ここに近代的「主観性」を超えて対話により形成される「間主観性」の立場から人間本来の人格としての姿が求められるようになった。わたしたちはこれを「対話する人」の理解から解明したい。

このような「間主観性」に立つ人間の姿はこれまでマックス・シェーラーとブーバーによって解明されてきた。その場合、とりわけ他者理解が問題となり、これまでの実存哲学のように、自己を確立するために他者を日常的な頽落性のもとに退けるのではなく、他者との関係を通して自己のあり方を求めるようになった。ここから近代的な自我とその主観性ではなく、他者との関係をとおして自己のあり方を確立するようになった。自我中心の近代的な主観性からは、他者の真実な姿である異質性や異他性を捉えることが不可能になるからである。それゆえ近代的な主観性から間主観性への転換が求められた。

確かに間主観性というのは他者に対する主観的な意識であって、他者に対する理解や態度が何よりも問題となった。そこにはフッサールやメルロ＝ポンティの現象学の他者理解である「問い、かつ、答える対話」の関係から、つまり人格的な「我と汝」という、自他のもつ「関係の二者性」から考察すべきであることが提示された。それはトイニッセンがその著作『他者』によって指摘したことでもあった（本書六九頁参照）。ここに対話する人の新しい理解が表明されるようになった。わたしたちはこの点をまず最初に指摘したマックス・シェーラーの間主観性の人間学を検討することからはじめたい。

一　シェーラーの間主観性

シェーラーの哲学は第一次世界大戦後には実存主義が指導的な地位を確立したため、これまでその姿が隠されており、十分解明されてこなかった。とりわけ実存哲学は何よりも単独者としての生き方を主張し、社会的な存在をまず日常性のもとに問題視し、そこから超越したり、脱出することで人間としての真の存在にいたろうとした。このことは「実存」（Exsistenz）という言葉に含意されている事態でもあった。つまり単独者は日常的に営んでいる集団的なあり方「から」（ex）離れて「立つ」（sto）」ことで成立する。もちろん実存主義者たちは、単独者と並んで「他者」を問題にしてはいた。だがこの他者は実存にいたるのを妨げると想定され、最初から退けられ、消極的にしか把握されなかった。この他者は自己から離された後に、顧みられたに過ぎず、強調点はどこまでも単独者に置かれていた。

それに対してシェーラーの人間学は、人間の社会的な存在を重視しており、他者との関係を積極的に解明した。彼は人間の体験を現象学的に反省し、他者の体験には自己と他者とに分化する以前に共通な根源があって、そこには「自他未決定の体験流」が認められると説いた。したがってそれまで支配的であった他我の知覚理論である類推説や感情移入説のように、自己の体験から獲た像を他者のなかに移し入れるのではなく、自己と他者がまだそれとして自覚されていない、「未決定な体験流が〈差し当り〉そこに流れている」点を指摘した。この体験の流れは最初は自他を区別しないで相互に混じり合った状態にあると説いた。そこから人間が自己自身によりも他者との関係にあって生きているという、真に驚くべき結論が導き出された。彼は次のように言う。

「差当り」人間は自己自身においてよりも他人においてより多く生きているし、彼の個体におけるよりも共同体においてより多く生きている。

（『同情の本質と諸形式』青木茂・小林茂訳、「シェーラー著作集8」白水社、三九五頁）

このような根源的な未分化の状態では、他者認識は自己認識とともにあるだけでなく、これに先行してさえいる。というのも反省的な自己認識はその後に現われてくるからである。このような思想は自他が分化する前に未分化の根源的統一を置いている点で、共同感情における理論的な表現である「一体感」(Einsfühlung) と同じ性格のものである。この考えは、従来の「感情移入」(Einfühlung) に一文字「s」が挿入されているだけで、字義的には似ているが、内容の上では正反対の学説である。つまり、それまでの間主観性の学説は、自我が自己意識から生じて、他我意識に向かったのに対して、シェーラーでは反対に、他者の意識が自己意識に先行し、体験された心的生の全体の流れから個別的なものが次第に自己意識に達し、自他の分化もそこから説明された。

そこには人間が本質的にまた必然的に社会的存在であり、まず家のような生命共同体のなかで社会と完全に統合された生活をはじめ、幼児と原始人に見られるように、徐々に自己の境界を区切るようになる、と説かれた。彼は言う、「子どもにとって彼自身の生活は、〈家霊〉に溶け込んでしまっているので、さしあたりは殆ど完全に隠れている」(前掲訳書、三九五頁)と。

ここにシェーラーの間主観性の基礎となっている経験的な事実を捉えることができる。これは大いなる発見である。とりわけ、このことはハイデガーの他者理解と全面的に違っている(詳しくは金子晴勇『現代ヨーロッパの人間学』知泉書館、二〇一〇年、一〇五―一一〇頁参照)。

したがって彼の人間学は社会哲学と密接に関係し、社会での集団生活をつねに考慮しながら展開する。この点で彼は実存哲学者たちとは決定的に違っていた。彼は近代の主観性の哲学を批判して、人と人とが人格的に関与する間主観的な社会現象を把握しようとした。

それゆえ人格間に生起交流する情念や愛も間主観性の立場から現象学的に見事に解明され、その解釈によって数々の真理が発見された。もしこうした人格間の基本的な理解が欠けるとしたら、今日なお多く見られる主観主義は、個我主義(エゴイズム)となって、他者に対する理解を欠いた非人間的な思想と行動に変質せざるをえない。このことは今日多発する性犯罪に顕著に見られる。そこには他者の存在や人権を無視した自己中心的な思い上がった態度が見られる。こうした行動が現代社会では恐ろしいほど蔓延するようになった。シェーラーはこの点をいち早く洞察し、他者理解や愛の問題、さらにルサンティマン(怨恨)の恐ろしさを指摘して、思想家としての地位を確立した。このような彼のすぐれた功績は残念なことに我が国ではあまり認められていない。

ところでシェーラーが主観性から間主観性に移行した理由は何であったのか。カント研究から出発した彼は、近代を代表する哲学者カントの思想を近代的な主観主義とみなし、カントが全く問題として取り上げようとはしなかった情緒の領域にア・プリオリな法則があるとした。そして人と人との間に情緒的な生命が息づいていることを間主観的に事実に即して現象学的に考察するようになった。

このような人間と人間が触れ合う情緒的な生の個別の領域で、シェーラーは現象学的にすぐれた人間に対する理解を示した。しかし彼は最晩年になると人間学を形而上学から体系的に基礎づけようと試みる。このことは、ヨーロッパ精神史における彼の位置づけを明確に規定している。つまり、彼は人間科学の成果を積極的に受容したが、それは自我を中心とする心的領域に制限されており、精神の領域では伝統的な形而上学的な解明に留まった。ここに彼の限界が見られ、その後の人間学の発展によってこの点は厳しく批判された。

二　対話的な人間の姿

このように現代の人間学はシェーラーから出発し今日にいたるまで発展してきた。この経過を踏まえて現代人間学の新しい可能性について、とりわけ「対話」によって構成される人間学について考えてみたい。

そこでブーバーの『対話的原理』という著作のなかで三種類の対話について論じているところ

から、対話的人間の真の姿を把握してみよう。

私は三つの種類の対話を知っている。真の対話、ここではその担い手がそれぞれに、ひとり、あるいは複数の相手の現存在と存在相とを如実に思念し、相手と自分のあいだに生きた相互性がうち立てられることを志向しつつ、相手に向かいあう。次には、実務的な対話、ここではもっぱら、即物的な了解の必要から話が交される。そして第三には対話的に偽装されている独白、ここでは同じ場所につどっている二人あるいはそれ以上の人間が、奇妙に曲りくねった道をとってそれぞれ自分自身を相手として語りながら、しかも、自分自身をしか相手としていないという苦痛から遠ざかっているように錯覚する。

（『対話的原理Ⅰ』田口義弘訳、みすず書房、二二〇頁）

「真の対話」

第一の「真の対話」では相互性が実現している。第二の「実務的対話」は現代生活の不可欠の核質をなすものであって、このなかにも真の対話は隠れている。わたしたちが営む現実生活にはこの二つは互いに不可欠な要素でありながらも、ブーバーはこれを主著『我と汝』で提示した

「あなた―わたし」と「わたし―それに」とに分けて考察した。ここでもそれに倣って「真の対話」が人と人との相互性から成立していることを強調することにしたい。

ところが彼が説く第三の「偽装された対話」は「顔なき対話の虚像」とも呼ばれ、たとえば自分の考えが鋭利に的中するように語る論争、自分の話しから相手の受けた印象を読みとり自信をつけたい欲求から生まれる会話、自己の優越性に立って他者を相対視する友好的談話、自分の悦楽と甘い体験を享受する愛の語らいなどがあげられる。今日対話が何らかの目的を実現するために技術として要請されるなら、この種の対話と要求となってしまう。

それゆえブーバーはこのように語ってから、次のように主張した。

対話的な生とは、人々との多くの関わりをもつ生ではなくて、関わりのある人々と真実に関わりあう生である。孤独な人間を独白的に生きている者と呼んではならない。独白的に生きている者とは、自分が運命的にいとなんでいる他者との交わりを、自分の存在の真実によって実現する能力のない人間のことなのである。（前掲訳書、二二二頁）

聖書ではイエスの行動をよく観察すると、それは人々との「真の対話」から成り立っていた。

それはとくに「悪霊に憑かれた人」の物語や「サマリアの女」の物語を見ても明らかである。そうはいっても一見すると対話とは思われないものでも、実は対話から成り立っている場合もある。たとえば倫理的な教えが集められている「山上の説教」のことを考えてみよう。その中でも有名な言葉「心の貧しい人たちは幸いである。天国はその人たちのものである」（マタ五・三）という教えは、文字どおりにとれば貧困が幸いであるなどナンセンスの極みに思われる。確かにイエスと人々との間で交わされた対話の状況を捨象すると、彼の言葉はその意義を失ってしまう。ところが貧しい者の幸いについての言葉はルカ福音書にもあり、「あなたがた貧しい人たちは、幸いである」（ルカ六・二〇）とあって、二人称の呼びかけの形式と文章が短いところからマタイ福音書よりも前段階のテキストであることがわかる。

「あなたがた」と語っているイエスの「わたし」について、イエスがどのように自己証言をしているかをここで調べてみると、この「わたし」は神の約束を実現するために遣わされた者であることが述べられている（マタ五・一七以下参照）。それゆえ、はじめに「幸いである」と語られた言葉は、貧しい者や苦しむ者への救い主として語っている者自身が関与していることが知られる。したがって、この言葉にはそれを語っているイエスが先行しており、イエスとの交わりから生じる生活の有様が後置文だけ切り離された形で述べられていることが明らかとなる。イエスの言葉は対話的状況のなかで語られたが、土台となっているこの状況が失われると、彼の言葉だけが教説として残る。このように見てくると理性的には不可解な多くの言葉も正しい理解にもたらされる。そこには対話の中での真理、つまり人と人との間に生きている人格的真理が関わりの相互性のなかで明らかに示される。

対話的考察の意義

他者に向かう現象学は人と人との間を考察する。そこでは人間の意識は人と人との間に、間主観的な態度を創りだしている。このような態度を「間主観性」と呼ぶことができる（金子晴勇『現代の哲学的人間学――間主観性の現象学とは何か』知泉書館を参照）。このような他者に関わる間主観性といえども、意識自身が他者によって絶えず介入されないかぎり、これまで支配的であった単なる主観性に戻らざるをえない。他者の考えを絶えず考慮するには他者との対話による以外に方法がない。フッサールが説いたように感情移入によって他者に関わるというのでは、シェーラーがそれを厳しく批判したように、自分の意識内容を他者に押しつけることになる。真実の他者は対話によってのみ具体的に伝達され、理解されるようになる。そこで次にこの対話がどのような意義を一般にもっているかを考えてみたい。

対話する人の姿

対話している人はその相手に「微笑み」をもって向き合う。日本人はいつも相手に微笑みながら話しかけるという。これは民族的な特性とも考えられる。この微笑みというのはまことに人間らしい特質である。ここに対話の重要な二つの要素が見いだされる。（本書五頁参照）

三　対話による協働作用

次に対話と人格の形成について考えてみたい。わたしたちが一般に人格者という言葉を使うとき、教養の豊かな知識人ではなく、他者に積極的に関与していく行動する人間のことを考えるであろう。どんなに教養があっても、他者や世間のことを無視した、世間から孤立した暇な人をなど思いつきもしないであろう。世間的に弱者と思われている人に無関心な人など決して人格者とは言えない。むしろ人格者とは他者に対して積極的に関与し、なかでも対話的に行動する人ではなかろうか。ゲーテは『タッソー』のなかで「才能は静かな境地で築かれますが、人格は浮き世の波にもまれながら築かれます」（実吉捷朗訳、岩波文庫、二六頁）と歌っている。また「人間は人間と交わってのみ自己を会得する。実生活だけが各人にその本来の面目を教える」（同訳書、九五頁）とも説いていた。したがってこの世の実生活のなかでこそ、とりわけ他者や隣人に向かって「あなた」と呼びかける対話の行為によって人格形成は実現するといえよう。この世界のなかで「あなた」と語りかけて相互に関わる対話行為は、間柄の世界として自然なものである。

さらに対話からは不思議なことに生活を向上させる生の高揚が興ってくる。対話するというのは他者を受容することであり、「あなた」との関係に入ると、それだけ自己が豊かなものとなる。そこから起こってくる対話する人は、わたしとあなたには還元できない、つまり「一つのより以上」のことが起こってくる。それはわたしの側からだけは知りえなかったもの、他者との対話関係の間で生じており、ただわたしとしては他者から授けられ、受けとったものとしてしか考えられえないものである。このことは「わたしとあなた」の関係のなかに眠っていた可能性が言葉の光を受けて生まれくるとしか言いようがない。実に対話のなかでは、人が生の意味をもはや問う必要がないほどに、生きる意味の充実が感じられる。これが対話における生の高揚である。

わたしたちが発する話法形式のなかで「あなた」と「それ」、つまり二人称と三人称によって全く別な世界が拓かれてくる。したがってこうした発言にもとづいてわたしたちは別世界に生きるようになる。このようにブーバーによって初めて指摘された。それゆえ、対話の領域は「あなた」と語って呼び開かれる人格的関係の世界である。たとえば、恋愛の高揚のことを考えてみよう。そうすれば自ずとこのことは理解される。したがって「あなた」と呼びかけることによって創造される世界は、相互性を生みだし、それは人間的な「間柄」と「仲間」の世界でもある。これらは両者の間から「共有の実り」をもたらす。そこからわたしたちに創造の世界が与えられ、それが相互の関係から創られるので、わたしたちは創造的世界の創造的要素であると言うことができる。この世界は対話によって形成され、単なる主観的な観念によって作られる世界ではない。それは心身の全体によって初めて作り出される。こうしてわたしたちは各人の個別的な領域から抜けだし、共同の世界を生みだし、観念的な世界から人格的な世界に生きるように、自己を再生するのである。

もちろん観念的な主観の世界は目の前に広がっている。今やこの世界とは異質な世界がわたしたちの間に形成されてくる。なぜなら「あなた」といって相互に呼びかける対話の世界は、主観的な意識の世界とは本質的に異なっている。そうは言っても「あなた」の世界は「それ」の世界へ転落することもある。そうすると人格的な関係から冷静な観念的な事物世界への転落がいつでも伴われていることになる。この事物的経験の世界では、人格的な他者といえども事物と同じように扱われる。こうして他者も事物のようにしか理解できなくなる。

だが、もし他者を自己に向かって立つ対等なものとして捉えないならば、他者が本来的にもっている独自性や異他性も認められなくなる。それゆえ、もしわたしたちが自己の世界に固執するなら、他者は人格的にではなく、ものとして処理されてしまうであろう。他者とは本来わたしたちに他なる人格として関わってくる存在であって、対決や否定のない単なる事物とは相違する。したがって真の他者はわたしの意識に対し「否定性」として現われてくることになろう。実際人間そのものは個性をもった、自分と異なる個性的な人格であって、このような他者とわたしたちは対話することで真に関わることができる。

四　協働性の原理

しかし対話は本来他者との協働によって成立するものであって、ブーバーの言葉を借りると主観性の彼方、客観性の此方、つまり「我と汝とが出会う狭い尾根」で実現する。彼はこの点を『人間とは何か』という書物で近代哲学の主観主義的傾向を批判しながら解明した。ヨーロッパ近代の道徳哲学はカントの自律思想をもって確立されるが、その影響下にあったキルケゴールから現代の実存哲学にいたる思想をブーバーは批判的に検討し、次のような見解に達した。キルケゴールにおいては神との人格的、存在的関係が、他者に向かって開かれた実存を形成していた。

現代の実存哲学、とくにハイデガーでは自己存在が欠如していることに不安を感じながらも、他者との本質的な関わりが見失われていることにより、「あなた」は存在しない。ここには他者関係がもたらす日常的で平均化された生き方の問題性のゆえに、他者と向き合う人間としての本質的で基礎的な関係が築けないのである。したがってこの人間としての現実に関わり、「あなた」を完全に実現するために単独者となる実存の意義が強まる。

人間とは何かという問いは人間の人格がすべての存在と本質的に関わることの考察によってのみ答えられる。ところが個人主義も集団主義もこの関わりを実現できない。個人主義は「個我」という全体のなかの一部分としての人間を自己自身との関わりにおいてのみ捉えており、集団主義は集団に参加している部分だけの人間を見ていて、人間そのものを把握し損なっている。ブーバーによると人間の本来の姿は「人間と共にある人間」である。ところが個人主義も集団主義も「他者との共感を求めるかのしなやかな人間の側面」を抹殺するか、鈍化させている。真の共同体の回復こそ今日の最大の課題であるが、そのためには個人主義か集団主義かの二者択一をやめなければならない。純粋な単独者も純粋な社会もそれ自体では抽象的なものにすぎない。「単独者は、他の単独者との生きた関わりに踏み込むかぎりにおいて実存的事実である。全体社会は、生きた関わりの単位によって自らを構成するかぎりにおいて、実存的事実である。人間的実存の基本的事実は人間と共存しつつある人間である」（『人間とは何か』児島洋訳、理想社、一七四頁）。この人間的実存の基礎的事実を彼は「間」（das Zwischen）の範疇で表わし、それは対話的状況のなかに存在している「人間的現実の原―範疇」であるという。それは「我と汝とが出会う狭い尾根」である。彼は言う。

対話的状況はただ存在論的にのみ十分把握することができる。しかも、個人的実存の存在性からではなく、また二個の個人的実存からでもなく、この両者を超越しつつ、両者の間に実在するものからこそ、把握することができる。対話的状況がふくんでいる最も強力な瞬間には、事象をめぐる円の中心は個人性の上にも、社会性の上にもなく、或る第三者の上にあるということが紛れもなく明らかとなるのである。主観性の彼方、客観性の此方、我と汝とが出会う狭い尾根の上に、間の国は存在するのである。（前掲訳書、一七七頁）

この「間」という「狭い尾根」こそ、人格が出会っている場、そこに対話的状況が開かれ、真正の共同体が対話により共有の実りとして実現するところである。ここに主観主義（個人主義）と集団主義を克服する第三の道として対話的思考が確立される。「来るべき世代の生の決断に対して、現代においてようやくその発見が始まったところの右の事実を通して、個人主義と集団主義とをのり超える道が指し示されている。ここには、その認識を通して、人類が真正の人格をとり戻し、真正の共同体を樹立すべき、真正の第三の立場が暗示されている。……ゴリラさえも個であり、白蟻の国さえも集団である。しかし、我と汝とは我々の世界の中にのみ存在する」（同上）。この第三の道が「対話法」（Dialogik）のなかで、つまり対話的思考によって形成されるものである。ここには他者とともに働く「協働」（cooperation）が基本であることから、近代的な自律に代わって「協働律」が確立されなければならない。

五　相互承認と相互受容

このような対話によって拓かれる「間」の領域で生じる出来事は「相互性」の完全な実現である。この相互性は「相互承認」と「相互受容」とに分けて考えることができる。この二つの関係を友愛と恋愛を手がかりにして考えてみたい。

カントの友情論

カントの友情論はアリストテレスやキケロに匹敵しうる内容をもち、人間の間柄における基本的関係を見事に捉えていた。「最高度の相互的愛は友情であり、友情は一つの理念である。なぜなら、友情は相互的愛を規定する尺度になるからである」とカントはいう。友情の相互的な愛は相互に自己を相手に手渡し、そうすることによって自己を本当の自己たらしめることができる。友情には「必要の友情」「趣味の友情」「心情の友情」の三種があるが、最後のものだけが人間の交わりを完全なものとする。友情は二人の意志が一致するところに成立し、この一致は「愛と尊敬」からなり、あたかも「引力と反発」のような力学的関係に立っている。愛によって二人は接近しあい、尊敬によって相互の間に距離が保たれる。友情はこの距離の上に立つ接近であるといえる。たとえば「朋あり遠方より来たる。また楽しからずや」とあるように、遠方という距離感は空間的隔たりのみならず、尊敬の念を惹きおこす離隔をも含むであろう。

さて友情による人格と人格との結合は相手との趣味、思想、才能、利益などによる多様な関わりから成り立っているけれども、その基本的前提は「相互承認」であって、「相互受容」を必ずしも前提していない。これに対し恋愛の場合は「相互受容」をはじめから前提しないと成立しない。なぜなら承認は相手がもっている意見や思想また提案を認めることであり、受容は相手の人格の全体を受け入れることを意味しているからである。

パスカルの愛の情念

相手によってわたしの人格の全体を受け入れられたいという願望の強さは、恋愛の情念のもとで頂点に到達する。パスカルは『愛の情念に関する説』のなかでいう。「愛において人はその財産を忘れその両親を忘れその友人を忘れると語った人がある。わたしはその人の意見に従う。大いなる愛情はそこまでゆく。愛においてさようにも深くへ人がゆくのは、愛する者以外に何も要らぬと思うからである」と。愛の情念は他者に受け入れられたいと焦がれて、火のついたように他者に接近し、一体となる激しさをもつ。だから「情念は過度でなくして美しくあることができない」。この受容は身体的層、趣味や性格の層、精神の層、人格の層で生じるに応じて、愛の持続性が次第に高まってゆく。同時にそこに相互性が充実してくる。恋愛の終極目標は相互受容の完成である。それは長い道のりをへて実現する。このことは恋愛が結婚という相互受容の社会的関係へと自ずと移行してゆくことにも示される。

このように恋愛が相互受容に進展していくのにたいし、友愛は相互に独立な存在を認めあう相互承認によって成立する。承認は他者の人格そのものよりも、他者の意見や思想また生き方など付帯的なものに関わる。だから表面は相手の意見を認めても人格を認めない承認もあり、相手の人格を認めても、その意見を批判する受容もある。

承認と受容における知的リスクと「信じること」

承認と受容の関係を伝達する内容の可信性、信憑性、もしくは知的リスクの度合から考えることができよう。たとえば新聞記事に「交通事故による死者の数が現在一〇〇〇名に達した」とあるのを読むとき、わたしたちはほぼそれが誤りでないことを信じる。一日平均二〇名の死者が出ている現在、昨日の数にそれを加えれば今日の数を予想しうるからである。わたしたちはいち早くその記事を承認してもよい。ところが同じ新聞記事でも戦争の報告となるとその可信性は低くなってくる。旧日本軍の報道がかつてあまりに勝手なものであったのをわたしたちは知っている。一般に敵側の報道と味方のそれとではいつも数値の上での食い違いが目立っている。そこでこの記事をそのまま承認するのは危険であるから、実際の数値を報道のそれから割り引くか加算して推定しなければならなくなる。

ところが、ある人がわたしを愛している、との言葉を聞いた場合を考えてみよう。そんなことは考えられないといって拒絶したとすると、その伝達内容を信じないため、その人に対しわたしは全面的に自己を閉ざすことになる。だが反対に、もしわたしがそれを信じるなら、その人を全面的に受容することになってしまう。客観的に確認できる事実はここではまったく問題ではなく、他者の愛を信じ、受容することは大きなリスクを伴っているといえよう。承認はある事柄についてリスクをそれほど伴わない。なぜなら承認は客観的に確定できる知識によって支えられているからである。第三の例での受容には客観的データはわずかにしか働いていない。

ここにあげた三つの事例の共通点は伝達する内容の信・不信が伝達者に対する信・不信に依存していることである。ここでは伝達された事柄よりも、語り伝えている人への「信頼」が重要な意味をもち、「事柄」に対する「信用」の優位がある。第三の例ではとくに語っている人物への信頼がすべてに勝り、この人格を受け入れるか否かの決断がすべてを決定することになる。承認の場合は客観的データに加えて伝達者への「信頼」が承認への決断を導いている。いずれにしても「あなた」への「信頼」にもとづいて、あなたから伝達された事柄を真として認識することが成立する。あなたの言葉を信じるのは、人格としてのあなたが信に値するからであって、その逆は真ではない。人格としてのあなたへの信は言葉の多さによるのではない。

六　他者との協働によって自己となる

他者と出会うだけでは単なる触れあいか衝突に終わってしまう。相互の語りかけがなければ、対話とはならない。この対話は自分だけの営みではなく、他者との協働作用である。この協働によって初めて真の自己が形成される。なぜなら人間の本来の姿は他者に直《じか》に向き合い、自己の思いを他者に投じるとき、自己の洞察を通して人間としてのもっとも正しいあり方を実現できるからである。

だから他者は「私の現存在を現存在たらしめる補助であり」、対話を交す協働作用のなかで人格の形成が実現する。このプロセスを協働作用の現象として考察してみよう。そこには邂逅の歩みが明確となってくる。

1　邂逅の弁証法

他者の姿がさまざまな形をとってわたしたちの前に現れ、そこから出会いと対話が起こってくる。そこで人格が成熟してゆく過程を考えてみよう。その際、わたしはまずブーバーのテーゼをあげたい。彼はいう、「人間は汝との関わりにおいて我となる」と（『対話的原理Ⅰ』前掲訳書、四〇頁）。人々との出会いのなかで「汝・あなた」はいろいろと姿を変え、言葉を交わしながら流れてゆく。この「汝」の傍らにつねに伴っているものとして「我・わたし」が意識されてくる。人は「我」や「私」をいう前に「汝」・「あなた」を語る。人間は特定の家族のなかで誕生し、その両親との関係を通して「汝の原関係」が形成される。この原関係から少しずつ分離が始まり、距離が生ずることから自我が確立されはじめる。このように意識的に「汝・あなた」への関係を拓いてゆくのが幼年期から少年期への移行である。

しかし、はじめの頃は「汝」がいまだ「汝の原関係」の要素を維持している。この役割で重要なのは母である。子供を養い、家庭の守護者から庇護を得ているため、自然とも同様「母なる自然」として現われる。この母の庇護が過度な場合、自主性に乏しく環境に依存し、単純で粗野な人間、「子供っぽい」発育不全となる。真の保護や愛が得られない場合には、反抗的で社会を敵視する反逆的性格になりやすい。

一般的には少年期は短く、成熟して青年時代へ移行する。青年時代は自我の自覚、つまり主体性が確立される時期である。母にかわって父が「汝」として近づいてくるが、父と子の関係は世の常として不仲になり、父は退けられ、父の指導に従うことがむずかしくなる。父こそ青年のもっともよき相手であるはずなのに、自分と似た仲間と組んで自己主張をつらぬこうとする。そのようななかで「友」が「汝・あなた」として現われ、友情を通して青年時代は成熟してゆく。しかし青年の特質は自己主張であるから、血気にはやる若気の誤りによって試行錯誤を繰り返すことなしにこの時代が過ぎることはない。だが青年時代を終わろうとする頃、友の間から一人の異性が「汝・あなた」として現われ、生涯の伴侶となるなかで真実の愛が学ばれる。こうして青年らしい情熱をたたえながら壮年時代に入る。これまで友を傷つけてきた痛みはここに他者への奉仕と社会的責任を負う積極的参加の態度をうむ。壮年時代には社会、国家、家庭が共同体的「汝」として立ち現われ、社会における役割を分担して自己の役割を果たすようになる。

このように人間は「汝の原関係」のなかから、つまりみずから選択したのではない特定の両親の間から生をうけ、生まれながらにして間柄的・協働的であるが、この原関係をひとたび破って、その関係の外に出て、自己を確立し、自覚的に関係を作るようになる。しかし、自己中心的な我欲や自己主張欲のゆえに人格関係の破綻を経験するが、この挫折をくぐりぬけて他者との共同に生きようとする自覚にまで達する。この邂逅の道を一歩一歩通りぬけることによって人格はおのずから創られる。つまり、成熟のうちに時が熟して実るのである。

2　原関係と関係行為の弁証法

これまで述べてきた人生航路の一般的な歩みのなかで、「汝・あなた」の姿は、母・父・友人・恋人・妻・共同体となって現われ、人格は一つ一つの段階を踏みながら成長する。しかし、この邂逅は自我の確立とともに、それが誤って汝関係を傷つけ破壊する場合が起こってくる。そうすると、この否定的なものは弁証法的になり、否定を克服してのみ次の段階へ移りゆくことになる。

この根拠は関係の本質にある。つまり人間存在は関係としてあるが、はじめの関係である「原関係」から分離して他の諸関係のなかに入ってゆくのである。だから、関係のなかから関係行為が現われるには、始原における原関係からの分離がなければならない。だがこの分離が原関係への離反として矛盾関係に陥らざるをえないところに邂逅のプロセスの弁証法が成立している。

そこには関係の始原的所与と主体的関係行為との関連が見られる。つまり所与としての父子の関係は始原の「正」のうちにふくまれている「反」の契機とともに、父と子の矛盾的対立という「反の段階」となる。この矛盾を通して再び父子の関係の根拠に立ち返り、父は「父たること」を、つまり本来の父性を、子はその身分をわきまえて、関係行為としての「汝」を語りあう協働、すなわち「正の段階」に到達する。

3　超越としての「大いなる汝」

原関係がそのなかに分裂を秘めており、離隔とその克服である関係行為に向かわざるを得ないところに人間の有限な関係存在の本質がある。人間が有限であることを自覚することによって、実は、永遠に変わらざる超越的な「汝」に憧憬を懐くようになる。こうしてわたしたちは汝関係における分離という否定的行為を通して自己を超えて他者に向かう。そのために個々の汝への呼びかけは絶対的汝に語りかけるにいたる。

ブーバーは個々の汝と「永遠の汝」との関連について次のように証言している。「あらゆる個々の汝は、永遠の汝がそれを通して望み見られるひとつの狭間である。あらゆる個々の汝を通して、あの根元語〈我―汝〉は永遠の故に語りかけるのである」(『対話的原理Ⅰ』前掲訳書、九八頁)と。ブーバーが、このように「永遠の汝」を直観的にとらえているのに対して、シュトラッサーは超越的にこの関連をとらえようとする。彼は言う「わたしの生涯の全経験を超越する行為のなかに、わたしはわたしのすべての汝・あなたたちが唯一の汝に向かう道の道標、里程標であったことを知る」と。また「もし唯一の汝が存在しないとするなら、どうしてそれを求め続けているのだろうか」としか哲学者は語ることができない。ただ信じる者のみが何をいうべきかを知っていると彼は言う（S. Strasser, The Idea of Dialogal Phenomenology, 1969, p. 132.）。このような直観的かつ超越的な関連に加えて、この関連が飛躍的生の高揚であると証言する。前節で語った対話のなかでの生の著しい高揚はこの関係の飛躍的動態を示している。したがって対話的生の高揚は究極的には永遠にして唯一の絶対的汝への対向によって生起しているといえよう。

マルセルはこの「絶対的な汝」について『希望の現象学と形而上学に関する草案』のなかで「希望」を例にして語る。希望するというのは現実の試練にみちた暗黒をこえて他者なる「汝」に向かうことを意味する。この希望があらゆる制限をこえた絶対的希望になるためには「絶対的汝」との出会いがなければならない。彼はいう、「絶対的希望とは、被造物がいまある自己の一切を、ある無限な存在から受けており、なににによらずある制限を課そうとするなら躓きになるということを意識するとき、彼がその無限なる存在に対して行なう応答として現われるものである。この絶対的な、〈汝〉は、その無限の寛容さのうちにわたしを虚無から救い出してくれたのであるが、この〈汝〉の前にいわば身を沈めるときわたしは絶望することを永遠に禁じられているように感じる」（マルセル『希望の現象学と形而上学に関する草案』山崎庸一郎訳、『現代の信仰』平凡社所収、二七七頁）と。この絶対的汝は人間の自己に依存する生き方の悲劇的挫折のなかで初めて明らかになってくる。だから、こうもいわれている。「この絶対的な〈汝〉こそわたしが自己自身をもって構築する都市、しかも経験が悲劇的なかたちで証し立てているように、それ自体灰燼に帰する能力を付与されている都市の中心にあるものなのである」（前掲書、二九三頁）と。

邂逅のプロセスにはこのような弁証法的超越、もしくは実存の弁証法が見られる。キルケゴールにもっとも明確に示されているように、人間としてあることへの不安、絶望、罪、死をとおして信仰へと飛躍する決断の前に人は立たされているのである。しかし、われわれが経験する人生の挫折と死にいたる絶望は絶対的汝への希望をおこさせる。そしてキルケゴールが『罪ある女』で試みた説教のなかにあるような「大いなる愛」へとわれわれを導くであろう。彼はこの女性に次のように語らせている。

わたしは文字通り全然何事も為すことはできず、彼は絶対的にすべてをなしうると。しかしこのことが実に愛すること大であることの意味である。人が何事かをなしうると思うときには、人は恐らくまた愛することもできるであろう。しかし愛することは大ではない。そして人がより多くなしうると思えば思う程、それだけ愛することは少くなるのである。……まったく自分自身を忘却するというこのことこそが、実は愛することの大なることについての真の表現である。人が自分自身について考えるときに、恐らく人は愛することはできるであろう。しかし愛すること大ではない。（『愛は多くの罪を掩う』久山康訳、アテネ文庫三九頁以下）

キルケゴールにおいて人間の現実は苦悩に満ちていて罪に染まっている。人間は他者を愛することができないというこの自覚の深みこそ、かえって「大いなる愛」を生みだしている。ひとたび現存在の否定を通過することにより自己を超越して他者に向かうこの愛は「大いなる汝」として生の高揚と飛躍のなかにある。実存弁証法は飛躍の弁証法と呼ばれるが、この飛躍は「大いなる汝」を語る信仰によって生じる。そこでの出会いは「大いなる邂逅」であり、そこで交される「対話」は神の言葉を聞き祈ることである。キルケゴールは神の前に立つ個人、つまり単独者を中心に思索を遂行するが、「大いなる愛」は「大いなる汝」として神のみならず、他者にも開かれている。それは自然的所与の「汝の原関係」を自己中心的罪によりひとたび否定した上でいっそう深く、かつ、大きく肯定する。

このように現在の自己を邂逅と対話によって超越し、絶えず他者に向かう開かれた生き方にこそ人間としての真実の姿が認められる。人間は対話であるというのは、この開かれた「大いなる汝」を語る「超越」であることを意味する。他者に向かって自己を開き、対話の行為によって、みずからを高めて「自己」と成ってゆく人は、自己を超えて他者に向かいながら自己のもとにあるがゆえに、自制心に富み、情念のバランスがよくとれ、思慮深さを身につけた、成熟した個性的な人格となっている。

個人的な主観性を強調してきた近代の自我は根本から挫折し、人格と言ってもカントが説いたような普遍的に妥当する人格ではなく、個性的な人格にして初めて自己の個性のゆえに特定の役割を社会で担うものでなければならない。そこには近代的な自律に代わる対話によって形成される協働律が実現している。ここでは他者とともに語り、かつ、ともに助け合って働く協働律が要請されている。

この協働律の観点からすればメルロ＝ポンティの主張、「最後の・哲学的な・究極の・根源的な主観性、つまり哲学者たちが超越論的主観性と呼ぶものは、間主観性にほかなりません」は正しい。というのは今日「哲学すること」の全体は「主観性から間主観性」への方向をとってきたからである。それゆえこのメルロ＝ポンティの命題「超越論的主観性は間主観性である」には他者に関わる主観は必然的に間主観性となっていると言えるのである。

ところが主観性が自律に終始するときには、不可避的に自己主張欲に汚染され、主観性と間主観性とは対立し、主体性の方向転換が不可欠となってくる。したがって現代の時点では主観性のもつ問題性をまず認識してから、間主観性へと方向づけ、対話を通して哲学的な思索が展開されてきた。それゆえ「主観性」をその近代的な意味での堕落形態ではなく、「究極の」あるいは「根源的」という意味合いで理解するならば、メルロ＝ポンティのことばも自ずと理解できるであろう。

このように考えることがわたしの生きてきた時代の基本的方向ではなかろうか。こうした体験の共通性はハーバーマスの『コミュニケイション的行為の理論』（藤澤賢一郎・岩倉正博訳、未来社）でとくに力説されていると言えよう。ただ国によって知的状況に違いがあり内容と表現が異なっているにすぎない。生きた思想や研究はそれぞれの置かれた時代や社会との関連を通してなされる。それゆえ各自の歩んだ道とも何らかの形でつながっている。

たとえば現代の哲学人間学を創始したシェーラーが強調した人間の本質的規定である「世界開放性」やプレスナーのすぐれた「脱中心性」は、確かに人間の主観的な意識の特質を正しく捉えていたといえよう。しかし、それだけでは不十分である。それは単なる意識の超越する作用を述べているのではなく、これまで説いてきたように、それが他者に関わるとき意識の全体を「対話する存在」として把握すべきである。そのとき初めて人間的な人格世界が十全に実現するといえよう。つまり人間の意識は世界に対し距離をもって関わり、単に世界を対象として捉えるだけでなく、世界に関与する仕方、つまり世界との関係を変えることができる。とりわけ対話という別の仕方で関与することもできる、つまり二重の態度をとることができる。こうして対象に対し十分に距離を置いて客観的に関わるだけでなく、同時に対象との距離を近づけていって、世界が向こう側からこちらに親しく関わるようにすることができる。ブーバーが言ったように前者が「それ」関係であり、後者が「あなた」関係である。こうした二重の態度に応じて対象の方も二重の仕方でわたしたちの前に現われてくることになる。それは対話関係のなかで実現し、そこでは他者自身を開示するといえよう。それゆえ、対象に対してこちらから照準を合わせて関わり、対象自身に相応しい仕方で対応するとき、対象もそれ自身の本質を開示するといえよう。ここに初めて間主観性がその本来的意味で実現し、そこからわたしたちが相互に対話的に関わる協働律が実現するといえよう。

このように他者関係の中で人が人格となっていく場合には、先にカントによって説かれた単独の個人として価値を担っている人格ではなく、相互的に関係し合う「間—人格性」に立つ人格が生まれていると言えよう。マックス・シェーラーが初めて、この人格を正確に把握することに成功した。彼は次のように言う。

精神とはそれ自体で対象となりえない唯一の存在であり、まったく純然たる作用性であって、自己の作用の自由な遂行においてのみ自己の存在を得ている。この精神の中心である「人格」は対象的存在でも事物的存在でもなく、絶えず自己自身を遂行している「本質的に規定された」諸作用の構造秩序にほかならない。

（『宇宙における人間の地位』亀井裕・山本達訳、「シェーラー著作集13」白水社、五九頁）

したがって人格にはさまざまな行動を一つに束ねる『心情の基本線』があり、この束ねられたものが引用文では「諸作用の構造秩序」と呼ばれる。またこの人格の理解は、ともに行動し、他者の人格に関与する行為である「存在参与」によって初めて理解されてくる。さらに彼は「人格概念が適用されるのは人間的実在の特定の段階において初めて可能なのである」とも言う。たとえば人間が魂をもち、自我の意識が認められても、いまだ人格とはいえない。というのは、魂をもち、我性もある動物を、わたしたちは人格とは言わないからである。人格の本質が明らかになるのは、人間一般ではなく、ある段階にまで成熟した人間においてなのである。それはどのような人間であろうか。

一　人格の成立の条件

シェーラーによると人格の成立の第一条件は「たとえば狂気に対立する健全性」である。自分の考えに閉じ籠もって一方的にそれを他者に押しつけるのは狂気に近い。それに対し健全な人は他者を外面的に観察して推測し、因果的に説明するのではなく、他者の精神的中心から発している生の表現や行為を追体験し、内側から理解する。次には「成年性の根本現象」が人格成立の第二条件である。つまり人は自己と他者とを同一視する未成年を脱して、初めて人格となる。その際「自己の作用や意欲や感情や思惟と他人のそれとの間の相違性の洞察を体験しうること」が必須の条件となっている。第三に、それに加えて人格は「また自己の身体の支配が直接的に内部に現象して来ており、自己自身を直接的に自己の身体の主人として感知し知り体験している人間に属する」といわれている。つまり自己の身体の意識と自己とを同一視している人はいまだ人格ではなく、それをも「私の身体」として自己に所属させている人が人格である（『倫理学』白水社版著作集第三巻、一六七頁）。

人格の成立についてのこのような条件は人間生活にとってきわめて重要である。これらの条件はすべて自己に対する距離と他者の異他性の認識にもとづいて成り立っている。これが成熟した人格の特性であって、自我のみを独占的に主張するエゴイズムとは区別される。こうして人間が成熟して人格となることによって初めて、わたしたちは社会生活を十全に営むことができる。

それに対しカントが強調した個人的な人格性は尊厳をもっており、すべての人に妥当する普遍性があるとしてもこの普遍性のゆえにかえって抽象的となってしまう。それに対し具体的人格は抽象的なものではなく、個性的なものであり、各人の個性のなかに、特定の役割を分担し、相互的間柄に立つ「間―人格性」（inter-personality）に求められなければならない。というのも人格者とは無為の閑人ではなく、愛において積極的に他者に働きかけ、奉仕する者を言うからである。

さて個性はすべて独自性をもっている。実際、独自な個性的存在にして初めて、他者と積極的かつ具体的に関わることができる。自然は人が共通にもっている自然の賜物たる才能を一様化しないで、多様な所与性を与えるほうを選んでおり、所与の才能の多様性によって人間の個性化が促進される。それゆえ自己の才能の特殊性をわたしたちは正しく認識し、個性を磨くようにすべきである。個性はきわ立った性格を各人にきざみつける。そのため特殊な役割を分担することを可能にし、多様性によって相互的な共同性を実現させる。あたかも歯車の凹凸のように、相互にかみ合う共同関係は個性において成立しており、個性的であるがゆえに他の個性と協力し合い、そこから共同性や社会性が成立する。このような相互に質的差異をもった人格の共同こそ、間柄関係を担う倫理的主体を生みだすのである。シェーラーはこのような社会的な責任を負う人格を「総体人格」と呼び、さらに神との関係を担う宗教的な「秘奥人格」についても考察する。この最後のものはキリスト教の霊性に当たる。

二　個性的に生きる

前述のようにカントの個人的な人格性は尊厳をもっており、普遍的であっても、ほかならないこの普遍性のゆえにかえって抽象的となってしまう。それに対しシュライアマッハは青春時代の作品『独白』のなかで「質的な人格主義」を説くようになり、具体的な人格は抽象的なものではなく、個性的なものであると説いた。わたしたちはこのような「個性」に注目すべきであろう。なぜなら各人はその個性によって特定の役割を分担し、相互的な間柄に立つものとして理解できるからである。

ところで哲学者にして社会学者であったゲオルグ・ジンメルが初めてシュライアマッハの独自な思想を初めて「新しい個人主義」と命名した。彼はこのすぐれた思想を次のように語っている。

単に人間は平等でなく、差異もまた道徳的義務であるという偉大な世界史的思想は、シュライアマッハによって、世界観の転回点になる。即ち、絶対者は〔自らを縮減して〕個性的なものという形式でのみ生きるという観念によって、また、個性は無限者を制限するものではなく、それを表現し表示するものであるという観念によって、分業という社会的原理が世界の形而上学的基礎に加えられる。

（『社会学の根本問題』清水幾太郎訳、岩波文庫、一二四―一二七頁）

シュライアマッハはロマン主義者フリードリヒ・シュレーゲルとの親交を通してこのような思想に到達したのであった。彼はその青春時代にこのロマン主義の影響を受けこの考えを受容した。彼によれば、各人が独自の方法で人類を表現することこそ、道徳的任務である。

ジンメルによるとこの個人主義は一八世紀の「量的個人主義」に対して「質的個人主義」と呼んでもよいし、「単一性の個人主義」に対して「唯一性の個人主義」と呼んでもよい。おそらくロマン主義がもっとも大きな水路で、この水路を通って、それは一九世紀の意識へ流れ込んで行った。彼は言う、「ロマン主義者における生命は、気分や使命、信仰や感情における対立物の自在な変化によって、社会像の安定を表現する。即ち、各個人が他の個人との差異により、また、自己の存在と活動との人間的唯一性により、初めて自己の生存――個人的にも社会的にも――の意味を見いだす、そういう社会像の安定を表現する」（前掲訳書、一二七頁）と。

三 「ともに生きる共生」

個人主義でもなく集団主義でもない、人間の真の生き方は、「ともに生きる共生」のなかに求めることができる。

人間は動物に属しているかぎり、自己中心性をその本質としている。たとえば自己保存の本能をもっている。しかし、今日の人間学では、たとえばプレスナーの力説するところによれば、人間を動物から分ける本質は、実に、脱―中心性に求められる。人間は自分を超えた彼方から自己を捉えることができる。だから犬が自分の動き回る空間である庭を熟知していても、その庭がどこに位置しているかを知らない。それに対し、人間は今自分が立っている場所から離れて、今いないところから自己を捉えることができる。それゆえに他者からも自己を捉えることが原則的に可能なのである。ところが自我意識の強烈な人は自己のみならず、他者をも自己からしか知ることができない。こうして自己中心的な他者理解は、自我意識の強く喚起される青年時代に、自己の主体性に内在する問題性を正しく捉えない限り、永遠に克服できないことになる。

ソフォクレス作『アンティゴネー』に登場するクレオンの哀歌は実に痛ましい。クレオンは、おのが恋人を奪われた我が子ハイモソの自殺と、子の後を追った母親、つまり自分の妻の死を知って、非嘆と絶望の深淵につき落とされる。彼は言う、「ああ、思慮のたりない心の過誤、頑な、死をもたらした過誤だった。……何という不吉をわたしの思慮が生んだか、ああ、息子よ、まだ若いのに、若死をしたお前、ああ、お前が死んだのも、この世を去ったのも、みな、お前ではない、わたしの思慮の浅はかからだ。……ああ、ああ、人間のする労苦は何と惨めな労苦か」。ギリシア悲劇はこのような痛ましい苦悩の嘆きをとおして人間としての在るべき姿をともに生きる言論に求め、驕者の分にすぎた言葉が手ひどい報復を神から受けることを教え、人間的生の破滅を通してのカタルシス（心の浄化）をめざしているといえよう。このことは実はすべての人がその若き日に経験する事態であって、青年としての未熟な自意識はすべての人を巻き込む「青春の蹉跌」をもたらす。これは人間の永遠のテーマである。そこで人間の在りようについて考えてみよう。

人間存在のパラドックス

わたしたちが日常語として用いている「人間」という言葉は「人の住むところ」としての「じんかん」であり、「世の中」や「世間」を、したがって「社会」を意味しているが、誤って「人」

に当てられるようになった、といわれている。ドイツ語の「仲間」とか「同胞」を意味している言葉 Mitmensch は「共に在る人間」を意味し、日本語の「人間」の源義に近い。実際「人」は「人々」とともにあって、この両者は元来区別されていなかったが、個人としての自覚とともに区別されはじめ、やがて対立するようになった。こうして、人間は個人として自己に中心をもつ存在であり、「主体性」をその本質とする自己中心的な個別者でありながら、同時に「人々」である他者と深く関わり、他者との共同のうちに自己の生を確立していく存在である。そして自己の中心に向かう求心的方向と他者に関わっていく遠心的方向との、全く相反する、両方向を同時に生きるというのは、たしかに矛盾した事態である。それでも人間らしい生き方であり、ここに個別性と社会性とからなる人間存在のパラドックス（逆説）が見いだせる。

パラドックスとは「一般的な意見に反している」事態を意味する。確かに一見すると個別性と社会性とは矛盾し相克しているので、人間存在は謎と矛盾に満ちていると考えられよう。しかし、哲学はこのような問題に直面して、その「哲学すること」を開始するのである。

四　ロビンソン・クルーソーの三解釈

ところで自己の主体性の自覚は近代に入ってから強烈に意識されるようになった。日本においてもヨーロッパにおいても、古代や中世の人々はこのような個別性と社会性との矛盾や逆説を強くは意識していなかった。つまり、わたしたちは古代や中世の人たちとは相違した問題意識をもっていることになる。さらに近代人といえばすべての人が同じ問題意識をもっているかというと、決してそうではない。そのことをいっそう明らかにするために、個別性の端的な例として、ダニエル・デフォーの作品（『ロビンソン・クルーソー』一七一九年）に語られている、絶海の孤島に漂着したロビンソン・クルーソーのことを取り上げてみたい。ここでは、このロビンソンについての社会哲学的な解釈をいくつか挙げてみたい。

1　ルソーの『エミール』

近代社会思想における最大の思想家ルソーは、その教育論『エミール』の中で、このロビンソンの内に他人から影響されないでただ一人自然のただ中で自己形成に励む姿に本来の教育のあり方を見いだしている（『エミール』上、今野一雄訳、岩波文庫、三二四―三二七頁）。「自然に帰れ」とのスローガンに示されているルソーの思想は、ロビンソンが社会から影響されないで、孤立した個人として主体的な自己形成を行なっている点を力説している。ここに近代人の特徴である個人の主体性が公共性や世間を退けることによって確立されているのをわたしたちは理解することができる。これは近代の一時期のロビンソン解釈である。

2　ヴェーバー『プロテスタンティズムの倫理と資本主義の精神』

次に、ヴェーバーの右の作品に示されている経済人としてのロビンソン解釈を取り上げてみよう（大塚久雄『社会科学における人間』岩波新書、一二一頁以下参照）。孤島に漂着した彼は難破した船から生活に必要なものをもってきて、長期にわたって生活を維持できるようにと目的合理的に設計していく。彼はすぐれた経営者であり、同時に忠実な労働者でもあって、持ち物をよく点検し、計画を立て、道具と資財とを組み合わせて、仕事の割り振りを合理的に決めている。ヴェーバーはロビンソン物語に彼の目的合理的な行動様式を見いだしている。これはデフォーの時代の人々の生き方がロビンソンに写しだされているものであって、合理的な生産に携わっていた資本主義の精神を表現していると解釈されている。ここにも近代的な合理主義が伝統的で非合理的な呪術から解放され、理性的な個人の行動様式を形成していることが強調されている。

3　マックス・シェーラーのロビンソン理解

さらに、シェーラーの視点を考察してみよう（Formalisumus, GW. Bd. 2, S.511）。彼は世界のなかで一人で存在し、自分と同じ存在だけでなく、自己のほか同類のいる兆候も痕跡もないような孤独な状況においても、したがって、デフォーのロビンソン物語からも離れて、「認識理論的に虚構されたロビンソンでも自分が社会的統一態のうちなる構成員であることを体験する」と主張する。このような孤独な人でも共同体に関する知識をもち、同類の存在を知っていることをシェーラーは孤独感に見られる「共同体に関する空虚の意識ないし非存在の意識」から立証している。つまり孤独・空虚・不満といった欠如的な体験内容でもその反対の可能性を直観的に示している、という。ここでの個人は近代の初期に見られた個別性の内に安住し自立した個人ではなく、他者との関係を喪失していることに気づいている、孤独な、近代の終末に現われた個人である。ここでの個人はその孤独のゆえに、かえって、他者を求めていると理解されている。

このようにロビンソンに見られる端的な個別性としての個人の理解のなかにも、公共性と社会性とを排除したルソー的理解と、個人的活動を合理的に営むヴェーバー的理解と、さらに孤独のうちに社会性の自覚に達しているシェーラー的理解とがあって、社会と対立した解釈から社会を内に含んだ解釈まで存在することが知られる。これら三様の解釈は近代の経過とともに現われてきており、人間観の変化がそこに表明されているといえよう。したがって、最初には個人を排他的に主張し、つまり他者や社会をも退けた上で、あまりにも主観的に自己を確立することから近代は出発し、やがて他者に関わり、社会を内に含んだ、間主観的な自己理解に到達しているのではなかろうか。

したがって、人間存在のパラドックスとして考えられた個別性と社会性との同時性は、近代の初期には個別性が旧来の社会性を退けたため、意識されることなく、専ら個別の力によって形成される社会性が説かれていた。だが、時代が進むに応じて新しい自己理解、つまり社会性を内にもっている個別性が問題になり「人間の内なる社会」によって克服されるにいたった（金子晴勇『人間の内なる社会』創文社、参照）。このような新しい自己理解こそ「社会的自己」としての自覚であり、それが人間の本性の内に「社会性」としてあらかじめ萌芽的に存在していることが解明されるようになった。この萌芽的に見られる社会性は、現に存在している他者との関係を積極的に志向することにはじまり、その行為の反復によって形成される習慣・慣習・制度・法律などを支えるものとして規定されている。このような社会性を理解するためには、人と人との「間」の領域をとくに解明しなければならない。

五 「間」の範疇および「相互性」・「間柄性」・「共同性」

人と人との「間」(zwischen)という領域が学問的な考察の対象となったのは第一次世界大戦の頃であった。この大戦中シェーラーの家に集まっていたグループの一人に対話の哲学者マルティン・ブーバーがいた。この人は個人主義的な神秘主義から対話的な「間の領域」に脱皮し、『人間の問題』という書物で個人と個人とが出会う「狭い尾根」にある「間の国」と説かれている間主観的な領域を自己の思想の中心に置くようになっていた(『人間とは何か』児島洋訳、理想社、一七七頁)。ちょうどこのころシェーラーがブーバーに語ったように、彼も「狭い尾根」に近づいていた。彼は『人間の理念に寄せて』のなかで人間を「神と生命との間にある何か」ではなく「間」そのものとみなすようになり(『人間の理念に寄せて』林田新二・新畑耕作訳、「シェーラー著作集 4」白水社、二八八頁)、さらに『共同感情の本質と諸形式』では他者認識に関連して間主観性の理論を展開するようになった。こうして「間」の範疇が学問的に考察される中で、同時代にすでに社会学者ジンメルはこの相互性によって形成される「間」の領域を社会の根本要素として社会学を確立した。そこでこれらの学問的考察を参照しながら人間の「間」が「相互性」「間柄性」「共同性」として解明されている要点を述べておきたい。

その際、人間が自然本性の内に萌芽的にある社会性、つまり本性的社会性と、意識的な志向にもとづいて行動し、その反復によって得られた習慣、つまり習慣によって獲得された第二の本性とを区別しなければならない。前者は人間のうちに潜在的に認められる素質のようなものであり、これが他者に向かって反復される行為とともに個人の内に間柄性とか共同性といった性質、つまり社会性を創りだしている。そこには個人が他者に関わっていく形式が幾つかあり、その中から現象学的にみて個人間の関係が次第に内面化されていく三つの性質を取り出すことができる。(1) 最初には個人がそれぞれ独立していながら関係し合う「相互性」が成立し、次に (2) それが親密さをもって情緒的な結合の度合いを増すことによって「間柄性」を生み、さらに (3) この間柄に立って個人の共同性が自覚されてくる。そういう観点から社会を捉えると、社会は個人の「間」にある相互作用の関係形式から捉えられるのである。

1　相互性

個人間の相互作用から社会を解明していったのは、ジンメルによって採用された方法であるから、彼の視点を参照してみよう（『社会学の根本問題』阿閉吉男訳、現代教養文庫、二二一―二九頁を参照）。彼は個人が集団にその成員として所属している事実から出発し、制度や機構が成立する以前の前社会学的な人間関係を考察し、個人の自律性と他者への関係性との同時性を明らかにしている。実体的には個人しか存在していないが、個人間の心的相互作用のなかに「実在的なもの」として社会は生起しており、このような相互性によって「社会化」が生じている。彼は社会を個人から分析的に解明するのでも、社会から総体的に論じるのでもなく、相互作用の反復によって社会集団は形成されると考える。この相互作用による「社会化」が生起する出来事こそ社会を構成している現象にほかならない。「社会化とはある人の運命と形式に関して他の人の側から行なわれる受動および能動の作用である」（前掲訳書、二六頁）。社会集団のなかには個人の相互性から生まれた一定の行動様式が定着し、形式的行動様式として、上位と下位・競争・模倣・分業・党派形成・代表・対内結合と対外閉鎖の同時性などが取り出されている。こういった集団における関係の形式は彼によると集団人としての人間に属し、粗野で低級である。個人としての人間は独自の個性をもち、高度で洗練されており、社会の中で特定の役割を演じるとともに、役割に還元されない豊かな個性をもっている。

2　間柄性

相互性が内面化されて具体化されたのが間柄性である。グループ・仲間・師弟・友人・恋人・親子・夫婦などはわたしたちの間柄を構成している主なものである。そこでは人と人との間の相互作用が具体的役割を「……として」担いながら具体化されている。しかもそこには情緒的な共感・尊敬・親しさ・愛情・羞恥・愛憎などが生命として力強く加えられている。このような間柄を社会的なものと区別して論じているのがブーバーである。彼はジンメルの相互作用による社会化に従いながらも、人間の間柄を「現存在の特殊次元」に属しているものとみなした。そして間柄のなかに生きている人格的要素は社会的なものによって排除される傾向がある点を指摘している。つまり、多数の者が集団的に連係すると、個人を非人格的集団のなかに監禁し、人格的関係の要素が純粋に集合的要素によって締め出されてしまうという。「集団的な相互共存は個人的な相互対向への傾向を抑止することを心がけている」と彼は語っている（『人間の間柄の諸要素』佐藤吉昭・佐藤令子訳、『対話的原理 Ⅱ』みすず書房、八九頁）。彼が挙げている例でいえば、同じ友人でも一対一の対面的な対話においては真剣さと親しさと余裕とが感じられても、政治集会やデモの指導者としての友人には緊張と厳しさと焦りとが看取されるというわけである。対話が集団的な力の論理によって踏み躙られ、人と人との間が十束一絡げにイデオロギーや強制行動によって埋めふさがれると、人間らしい生活はもはや見いだされない。こうした経験にわたしたちはしばしば見舞われている。ブーバーは間柄性の現象を考察しながら、そこにあるべき要素として「人格への専一的な関係行為」「存在と仮象の区別」「リアル・ファンタジイによる他者の把握」「宣伝の強制でなく開発的創造」などを挙げ、その必要性を説いている（前掲訳書参照）。

3　共同性

相互行為の反復は親しい間柄を自ずと形成していく傾向をもっている。最初は互いに見知らぬ関係にあったものが出会い、この出会いが反復されるとき一つの新しい形が双方の間に事実として生まれてきている。もちろん、単に身体的に出会っているだけでは物理的接触や衝突にすぎないにしても、言葉を交わす関係行為は人間らしい間柄を形成している。男女の出会いも恋愛に始まり、愛の相互関係が具体化されると、婚約から結婚へと進展し、夫婦の間柄がそこから生まれてくる。この間柄は他者との結合を意志する共同性によって基礎づけられている。共同の関係に入っている男女の間に生じているものは「共有の実り」である。それは関係している双方のいずれにも帰せられないし、両者の結合以上である。さらに人間はこの間柄の世界に真に生きる意味を見いだすのであって、個人としての価値もこの間柄の中でのみ実現している。

実際、人間は生まれ落ちると直ちに具体的な交わりから成り立っている間柄の世界に置かれており、「人格」と「本来の面目」はこの間柄の世界において実現している。この世界はゲーテが言うように「浮世の波」とか「実生活」とかいわれる多くの問題を抱えた世俗世界である。だが、この間柄の世界こそ人間の「共同性」を育んできた。この世界でわたしたちは、日々、夫として、妻として、また父として、子として、さらに友人として他者に向き合い、「汝」と語りかけて相互的に関わり、親しい交わりの内に生きている。この「汝と語ること」こそ人間の自然本性の内に潜在的にある「本性的関係能力」つまり「人間の内なる社会」を開発する行為であり、これにもとづいて真に人間らしい生き方が生まれてくる。「汝」と発語しながら他者に関係する行為は自然本性的な関係能力にもとづく「関係行為」であるが、この行為は間柄の世界では自然に、何の抵抗もなく、スムーズに行なわれている。

Ⅷ　友愛現象と協働律

　これまで指摘してきた協働律は友愛の現象のなかにすぐれた形で見られるので、友愛を通してこのことの理解を深めたい。まず初めに考えられるのは古代ギリシアでは友愛がエロスに比べて高貴な愛として説かれている点である。次にはイエスも兄弟愛のなかに相互的に愛し合うことを説いていることである。わたしたちは相互性を本質とする友愛現象を通して協働性を基礎づけてみたい。

一　友愛とは何か

　古代のギリシア人たちが懐いていた愛の観念でもっとも普及していたのはエロスであった。これは性愛のなかに現われるものであったが、これが精神的に高められて知識に対する愛、つまり哲学としてギリシア思想に展開するようになった。その成果はギリシア哲学史が明らかに示している。しかしこのエロスと並んで、否それよりも高貴な愛として説かれたのが友愛（フィリア）であった。それゆえこれがギリシア語で愛を表わす第二に重要な言葉となった。そこでこの気高い愛の特質について考えてみよう。

エロスは対象や相手の特性また所有物の価値によって引き寄せられ、動機づけられて、いっそう高い価値に向かう上昇の運動を引き起こす点に、その特徴が示される。それはわたしという主体から価値を含んでいる対象に向かう一方的な傾向と関与であった。それに対し友愛のフィリアは原則として人間同士の間に生じる相互的な交わり（コイノニア）でもって成立する。友愛には「類が友を呼ぶ」と言われるような、同類という共通で等しい性質や境遇の者同士の間に生じる親愛の情がある。これが生起交流することによって人間同士の同等性や類似性の上に立って相互性が起こり、高貴な愛を生みだしている。

わたしたちはまず初めにこのフィリアとしての愛の具体的な特質をギリシア・ローマの代表的な思想家たちによって捉えてみよう。そこでプラトン、アリストテレス、キケロの友情論を手がかりにして考えてみたい。

二　プラトン

初期の著作『リュシス』でプラトンは友愛について論じた。そこでの主題は、当時流行していた少年愛ついて誤りを指摘し、「友」（フィロス）の定義から真の師弟愛の本質を明らかにすることであった。少年愛というのは大人と子どもの間に成立したもので、少年の教育をめざしていた。もちろんこれが同性愛となることもしばしば見られたが、ソクラテスと青年の関係のように本質的には教育愛が基本であった。

たとえば、プラトンはソクラテスの友人ヒッポタレスが美少年リュシスに対してとった軽薄な行動を批判し、愛する少年（パイディカ）への賛歌が少年の高慢を助長するのをいましめ、少年が自己の無知を知って知を愛するような教育愛を実践することが説かれている。ここに少年愛を教育愛に導いて行こうとする、ソクラテス的な愛知活動、つまり哲学の基本姿勢が示される。ここまではプラトンのエロス観と同じ内容である。

彼は次にこの対話編で友愛が成立する根拠をたずね、それをまず有用性に求める。つまり役に立たないと人はだれにも愛されないという。そこには「友だち」（フィロイ）とその「友愛」（フィレイン）について次のように語られる。

それでは何かわれわれにできないことがあって、そのことではすこしも人の役にたてないようなばあい、そのことで人の友だちになったり、人に愛されたりするだろうか。けっしてそんなことはありません。してみると、役にたたない人間であるかぎり、だれからも愛されず、お父さんが君を愛されることもなくなるわけだね。

（『リュシス』生島幹三訳、世界の名著6、七三頁）

愛がこのように有用価値を求めることにより、一方向に役立つ友にだけ向かうと、友愛の相互性は失われ、エロスの価値追求の働きしか残らなくなる。そこで真実の友（フィロス）の定義が問題となり、その際にエンペドクレスの有名なことばを引用して、次のように規定される。

さて、正真正銘の友というものについて彼らの述べているところは、確かに見のがすことのできないものであって、彼らによれば、その友というものは、実に神さまがみずから、お互い同士を結びあわせておつくりになるというのだ。……似たものが似たものにとってつねに

友であることは必然であると、すぐれた賢者たちの文章に述べてあるのに出会ったことはないかね。（前掲訳書、七九—八〇頁）

このように友は「お互い同士」の相互性から生じる友愛によって把握されているが、そこには存在の類似性が前提となっている。確かに友になる人には性格や趣味などの似ていることが条件となっており、次にこの類似性の内容についての反省が議論される。類似性といっても悪人同士の場合は、互いに傷つけ合うので友となり得ず、善人同士でも、互いに似ていて同じなら、相互に役立たないから、友となりがたいし、善人は自足しているので他者を必要としないので友情が成り立たない。そこで類似性より相反性の方が友となりやすい点がヘラクレイトスの説によって反定立の形で主張される。こうした議論のすえ、友愛が成り立つ可能性として「善くも悪くもないものを友とするか、あるいはやはり自分と同じようなものを友とするか」が問われ、似た者同士では友にならないから、「善きものと善くも悪くもないものとが友となるだけ」との結論に達する。

このような結論は、「善いもの」は自分がすでに善であるから善を求めず、「善くも悪くもないもの」は自分の状態を自覚して善を求めるため、「悪の存在のゆえに、善の友である」ことが成立するという類のものである。ここにソクラテス的な無知の知が友人関係の本質を規定していることが示されている。

しかし、似たもの同士の間に相互的愛として生じる友愛フィリアが、プラトンの思想ではいつのまにか一方が他方の善という価値を探求するエロスに変身している事実を見逃すわけにはいかない。このような事実が明らかになったことは、興味深い。また似たもの同士は有用性の観点から友人になれないという議論も高貴な愛であるフィリアを利害関係に還元して解釈する見方ではなかろうか。このような視点の狭さに由来する問題は次のアリストテレスになると完全に克服される。

三　アリストテレス

『ニコマコス倫理学』第八巻と第九巻にはフィリアについての詳しい議論が展開する。それは真にすぐれた内容である。そのなかでもとくに重要と思われる思想をあげてみよう。

友愛の定義

まず「愛（フィリア）とは自他の共同（コイノニア）なのである」とアリストテレスは明確にフィリアを規定する。彼は友愛のみならず多様な愛の形態について述べていきながら、恋愛や夫婦愛をもこのフィリアという高貴な愛から考察する。というのは友愛が人間の精神がもっている基本的資質たる徳（卓越性）に結びついており、どのように大きな財産の所有者といえども、「親愛なひとびと（フィロイ）なくしては生きることを選ばないであろう」と言われるほどの計り知れない価値をそれが担っているからである。したがって「親しい相手と生を共にする」ということは何よりも好ましいものであって、「ともに飲み、ともに双六をし、ともに体育や狩猟を行なったり、ともに哲学する」ことこそ生きる意味の源泉になっている（『ニコマコス倫理学』九・一二、高田三郎訳、岩波文庫、下、一四七頁）。

友愛は有用性においては成立しない

これはプラトンが『リュシス』で愛すべき価値を有用性において捉えていたのと対立し、アリストテレスは愛されるべきものを、善きもの・快適なもの・有用なものという三つに分けて論じ、価値を善価値・快適価値・有用価値に分類したすぐれた視点から愛自体をも三つの種類に分けている。

①彼によると若者たちの愛は自分にとっての快楽を求め、恋愛の多くは情念的であり、快楽を動機としている。それに対し、有用のための愛は、実利を追求する老人や、効益を追求する壮年に見られ、共同の生を求めずに、実利だけを目的にしている。したがって快楽と有用のゆえに愛している人は、相手を相手自身に即して愛するのではなく、自分にとって快適もしくは有用であるかぎりにおいて愛しているにすぎない。それゆえ、そこには相互性は生じていない。②それに対し「愛する相手の〈ひととなり〉（エートス）のゆえに」愛する人こそ、自分の快楽や有用を離れて相手自身に向かい、そこに相手の人格形成を促し、「善きひとたるかぎりにおける相手がたにとっての善」を願っている（前掲訳書八・三、七三頁）。

対等・均等・同等関係

「親しさは均しさ」といわれるように、友愛は類似性として現われるが、神々や君主に対しては成立しないように、関わり合う両者が対等もしくは平等でなければならない。この均等性もわたしたちが偶然もっている付帯的なものではなく、ひととなりにおける類似性でなければ、友愛は成立しない。

だが、究極的な性質の愛は、善きひとびと、つまり、卓越性において類似したひとびとのあいだにおける愛である。……まことに、かかる人々はお互いに相手がたのひとびとそれ自身のゆえに、そうした関係を保っているのであって、付帯的なものに即して愛しているのではない。それゆえ、これら善き人々との愛は、彼らが善きひとであるかぎり永続する。

（前掲訳書八・三、七三頁）

もちろんこうした愛は稀有であることを免れず、時を経て昵懇を重ね、諺にいう「塩を一緒に食べた」苦い経験を通して実現されると彼は付言している。このような人格の共同（コイノニア）こそフィリアの基礎であるといえる。

『政治学』での友愛

アリストテレスの『政治学』もフィリアにもとづいて国家哲学を展開する。ここでの彼の大変有名な命題「人間は本性的に国家社会的動物（ゾーオン・ポリティコン）である」に見られる社会性も「愛（フィリア）の共同（コイノニア）」なしには成り立たない。したがって人間が国家社会的であるに先立って、男女の共同的な「交わり」（コイノニア）から成る配偶的な本性がなければならないし、この交わりの本性にもとづいて愛も生起交流している。

夫婦のあいだに愛の存するのは本性に即したものと考えられる。けだし人間は、本性的に、国家社会的なものたる以上に配偶的なものだからであって、それというのも、家は国に先だつところのより不可欠的なものであり、生殖はもろもろの動物に通ずるより共通的なものだからである。……人間は〔動物と異なり〕各自のものを両者共同のために差し出すことによってお互いの助けとなり、こうした愛に〈有用〉も〈快〉も含まれていると考えられるのはこのゆえである。だが、彼らがよきひとびとである場合には、その愛が卓越性に即するものでありうる。（前掲訳書八・一二、九九―一〇〇頁）

異性に対する愛をフィリアという高貴な名称をもって呼んだだけでもアリストテレスの功績は大きい。人格的な生の共同を単に生物学的に考えるのではなく、家庭生活が相互的愛の共同によって人格的に確固たるものになると彼は説いた。こうして男女の間の愛が単なる身体的衝動や欲望から解放され、共に生きるコイノニアの相互性として理解されるようになった。したがってフィリアとしての愛の特質は相互性にあって、プラトンの説くエロスの超越性とは全く性質を異にしているといえよう。このようなフィリアが男女の愛にも夫婦愛の現象のなかでも説かれるにいたったのは、ヘレニズム時代に入るころから婦人の地位が向上し、身体的欲望の対象ではなく、それ自身の人格が認められ、愛と信頼、つまりフィリアの伴侶となりうるようになってきたことを暗示していると言えよう。しかし男女の愛が現実に真の相互性に達するのは、後述するように、一二世紀の宮廷的愛からであって、アリストテレスでは単なる要請、もしくはあるべき姿として暗示されているにすぎない。

四　エピクロス派とストア派

ヘレニズム時代の哲学はエピクロス派とストア派によって代表されるが、両派ともフィリアとしての愛をいっそう強調し、賛美するようになった。たとえば快楽を最高原理とみなすエピクロスの思想でも、単なる欲望の達成よりも友情による充実した生活に幸福の源泉を求めている。彼の主要教説の中からその主張を引用してみよう。「全生涯の祝福を得るために知恵が手に入れるものどものうち、友情の所有こそが、わけても最大のものである」(『エピクロス』出隆・岩崎允胤訳、岩波文庫、二七、八二頁)。「われわれはこの有限な存在においては、友情によって損なわれることのない安全こそもっとも完成されたものであることを知る」(前掲訳書、主要教説二八、同頁)。「友愛は、祝福ある生活の頌えに目覚めよと、われわれのすべてに告げながら、人の住む全土を踊りまわっている」(前掲訳書、断片五二、九七頁)。

このようにエピクロスはフィリアを唱導し、かつ、賛美しながらも、アリストテレスのようにこれを夫婦愛にまで見ようとはしないで、「賢者は娶らず、子を儲けず、愛に耽溺しない」と説いて、気むずかしい独身主義者のように家庭から逃走しようとする。そこでフィリアは「賢者の静謐」(アタラクシア)のなかに持ち込まれ、夫婦愛から離れた友情という固有の領域を切り拓いていくことになる。

これに対しストア派の考えはプラトン主義に回帰する傾向をはっきり示し、愛を身体的なものよりも精神的な和合のなかに見ようとする。たとえばストア派の元祖クリュシッポスは「愛は友情の一部であり、すこしも非難されるべきものではない。美は徳の花である」(フラスリエール『愛の諸相』戸張智雄訳、岩波書店、二四八頁からの引用)と語る。だがストア派はプラトン主義とは相違して、夫婦愛を正常な愛の形態として認める一般的傾向をもっており、夫婦の共同のあり方にフィリアとしての愛を力説するようになった。(この点に関してはプルタルコスの『結婚訓』のなかにストア派の考え方が説明されている。プルタルコス、前掲訳書、一一四―一一五頁参照。またプルタルコス自身のフィリア観は後に述べる)。

五　キケロ

古典ヒューマニズムを代表するキケロの著作の中でも『友情論』はとりわけ多くの人々に愛好され、広く古代世界のみならず、ヨーロッパ中世と近世との教養世界の基礎に据えられるようになった。そこで彼の友愛についての特色ある思想をあげてみることにしたい。

友愛の起源

キケロによると友愛は、自分が貧しく無力であるから、他者に助けを求め、互いに奉仕するような願望から起こって来るのではない。そうではなくそれは「人性の本質そのものに基因している原因」から興る。それというのも「友情 amicitia の語源である愛 amor とは、人の互いに大切に思うこころを結び合わす主動者であるから」である。したがって彼は「友情は不足による要求よりも、むしろ人性の真に出るものとわたしには思われる」と述べ、人間存在の本質にその基礎を求めた(『友情について』水谷九郎・呉茂一訳、岩波文庫、三三頁)。人性のこの傾向は「愛しようという感情」であって、決して有用性から生じるものではなく、キケロはこの愛の働きを近親関係に優る本性上の協和性に求める。「というのは、我々は生まれつきがすべてお互いの間に、近づけば近づくほど深さを増すようなある協和性を有している、とわたしには明らかに思われるのだ」（前掲訳書、二六頁）と彼は言う。確かに近親関係からは好意や親切を除き得ても、友情からこれを取り除くことはできない。したがって友情は近親関係に優っており、しかも天性がもつ無数の人間の結合関係の中で、二人とか少数の間で人間の情意のすべてをあげてこの友愛関係が造られていると語っている。

友情は徳を欠いては成立しない

このようにもっとも尊い友情は徳を欠いては成立しない。実際、徳と知見とを豊かに備えている自由人の間でのみ友情が生まれ、これを大切にしている、とキケロは述べ、アフリカヌスとの交友について次のように語る。

そもそもアフリカヌスは私に求めるところがあったのであろうか。全然ないのだ。また私とて何も彼に求めはせず、ただ彼の善徳に感入したとでもいうところから（彼を愛し）、彼の方ではまた私の性格についてもっていた多分はまず相当な評価のために私を愛したわけであり、相親しむにつれ交誼も深まって行った。しかしながら多大な利益がこれによって獲得されたとはいえ、我々の愛情の根本はそのような（利益を得ようとの）望みに発していなかったのである。何んとなれば我々が親切を好み寛容を愛するのは、報恩を要求せんがためではないように……同じく友情に対しても、儲けを得る期待に引かされてではなく、友愛の楽しみはすべて愛そのものの中にあるがゆえに、これを求むべきだと考えるのである。

（前掲訳書、三五―六頁）

それゆえ、キケロは友情を快楽に求めるエピクロス派の誤りを指摘する。友情は愛や親切心と同じく、人間の天性から生じているから、友情のもたらす益は、心の本性が不変であるかぎり、決して失われることなく、真実な友情は永遠に変わらない、と言う。さらに彼はエピクロス派の静謐（アタラクシア）をも非難し、煩いを恐れて仕事や友情から退くのは間違っており、煩いを避ければ、同時に徳も避けなければならなくなるし、人情と心情がなければ、獣や石との区別がなくなる。しかし、友情は「優しくしなやかなもの」で、友の仕合せに会えば、延び広がり、不幸に会えば、引締まるから、友人との交際を煩しいと思ってはならない、と彼は説いた。

愛の相互性は天性である

さらに相似た心は相互に結びつける愛の相互性を天性としてもっていることが強調される。似ていると、愛そうという心がおのずと生まれ、「愛し愛し返す」相互性にいたり、「相互の似通いが友愛を誘う」のであって、天性にまさって自分に似たものを激しく求めるものはない、と説かれた。しかし、この天性はすべての生物に共通のものであるし、そこにはまず自己を愛し、次に自己と似た同類仲間を愛し求めることが興ってくる。ただし「人間においては、その天性から推しても、いっそう激しく、自己を愛するとともに、また他者を求めて、これと互いに心を混え交わし、ほとんど一身にして同体ともなろうと望む」（前掲訳書、七一頁）とあって、人間の自然本性をその純正な姿にまで高めようとするキケロの思想がよく表明されている。

六　プルタルコス

次にギリシア的世界観の最後の代表者となったプルタルコスの友愛論について考えてみたい。とくに彼の『モラリア』（倫理論集）に入っている『愛をめぐる対話』に展開するフィリアの思想は注目に値する。

彼は『似て非なる友について』など友情と対立する視点からもフィリアについて考察をしているが、この対話においては少年愛をしりぞけ、プラトン主義のエロスを正常な異性愛にもどし、これをフィリアの相互性にまで深めようと試みた。したがってアリストテレスのフィリア観をエロスのなかにまで浸透させようとしたことになる。

プルタルコスはエロスを祀った唯一の都市ボイオティアのテスピアイに祭りのために新婚早々妻を伴ってやって来たことを述べ、そこでの異常な少年愛と正常な異性愛との争いから愛についての対話が行なわれた。その対話のなかで彼はフィリアを四種類に分けており、エロスをもこの四種類のなかに加え、プラトンにもアリストテレスにも、こういう考え方があったことを示唆して、次のように語る。

昔の人は愛（フィリア）を四種類に分けて、血縁の愛、次に客人の歓待、三番目に友情、そして最後に恋（エロティコン）としたが、このうち、もしはじめの三つ、つまり友情と客の歓待と同族意識、親子兄弟の愛、これは神様が守ってくださるが、ただ恋愛だけは穢《けが》らわしくて神も見そなわさず保護もしてくださらない（しかもこの恋愛こそ神様のお世話とお導きがいちばん必要というのにだ）、もしそんなことを言ったら、これもおかしな話じゃないかね。

（『愛をめぐる対話』柳沼重剛訳、岩波文庫、四五頁）

プルタルコスはフィリアを人間の愛全体を表す上位の概念の位置に据え、エロスをその下位に従属させ、そのなかでも少年愛や同性愛に対し鋭い批判をしながら、異性愛を単に価値を求めるエロスに属させず、フィリアの相互性に与るものとした。この相互性を言語的に分析して彼は次のように語る。「思うに、〈愛し愛される〉という語（ステルゲイン）と〈水が洩れないように しっかり支える〉という語（ステゲイン）は、字に書けばたった一字の違いでしかない、ということはとりもなおさず、夫婦の間にひび割れが生じたりしないよう、長年の間しっかり連れ添っていれば、互いに相手に対する思いやりがいやおうなしに生まれてこようというものだ」（前掲訳書、八一頁）。このようにしてエロスがフィリア化されてゆくと、一方的に追求するエロス同士が衝突し合っても、やがて共同生活のさ中から完全な交わりと結合が生まれてくる。この有様をプルタルコスはエピクロスの原子論を借りて次のように説明した。

愛の場合も同様で、ちょうど二種類の液を混ぜ合わせた時のように、愛もはじめは液を沸騰させ混乱させるが、やがて時がたつにつれて、落ち着いて上澄みができて、非常に安定した状態になる。これが愛する者どうしの本当の〈完全な結合〉と呼ばれるものなのだ。この完全な結合によらず、ただいっしょにいるというだけの結合は、エピクロスの言う原子の接触や混り合い（断片二八六）のようなもので、ぶつかりあったり跳びはねたりはするのだろうが、エロスが夫婦の共同生活を司って成就させる一心同体の境には至らない。

（前掲訳書、八九頁）

このテキストの終りに述べられているエロスは夫婦の共同を完成させる愛であって、その内実はフィリアにほかならない。プルタコスはこのような人と人との和合はホメロスによって「友情」と呼ばれていると付言する。ここにエロスのフィリア化が生じ、愛が本質的に「相愛」に立つ相互性を帯びるようになり、これが一二世紀に生まれた宮廷的な愛の形態にまで発展してゆくことになる。

七　イエスの愛と相互性

イエスもその愛の思想には兄弟同士が愛し合うようにとのフィリアの重要性を述べた。彼は言う「あなたがたに新しい掟をあたえる。互いに愛し合いなさい。わたしがあなたがたを愛したように、あなたがたも互いに愛し合いなさい」（ヨハネ一三・三四）と。また「互いに愛し合いなさい。これがわたしの命令である」（一五・一七）。これは愛の相互性を説くもので友愛であるフィリアに立っているが、この友愛はイエスと神との根本的な関係にもとづいている。したがってイエスの神に対する関係にもとづいて人間関係の相互性が根源的に基礎づけられている。

イエスによってもたらされた「喜ばしい音信」である「福音」はこのようなイエスの愛の教えのなかに明らかとなっている。ユダヤ教の律法も愛をめざしていた。イエスが「心をつくし、精神をつくし、思いをつくして、主なる神を愛せよ。……そして自分を愛するようにあなたの隣人を愛せよ」（マタイ二二・三七以下）と語ったとき、彼は旧約聖書からその言葉を引用している。この二つの戒めが旧約聖書の全体であると彼は語っているが、さきのヨハネ福音書の愛の教えはユダヤ教の愛を原則的に超えている。「わたしがあなたがたを愛したように」という語句が新しい事態を示している。神の愛の体現者イエスとの交わりのなかでのみ、人は隣人を愛する者と成っている。

隣人とは誰のことかと問われて、イエスはサマリア人の譬えを語り、自ら他者に対して隣人となる愛を指し示した。山上の説教はそれを説いているイエスとの交わりを前提しないならば、単なる新しい道徳的な律法でしかない。このイエスとの交わりこそ神の王的支配としての神の国の実現である。彼は言う「神の国は見える形では来ない。『ここにある』『あそこにある』といえるものでもない。じつに、神の国はあなたがたの間にあるのだ」(ルカ一七・二〇―二一)。つまり神の国はイエスとともなる交わりのなかにある。それはイエスと共にすでに実現している。このような人と人との間こそ相互的な友愛が実現している場所であって、ギリシア・ローマ思想があるべき人間の姿として説いてきた相互的な友愛が実現しているところにほかならない。

八　アウグスティヌスの協働説

古代キリスト教を代表するアウグスティヌスは人間の原罪説を提唱し、人間性の根本的な欠陥として無知と無力からその罪性を強調するようになった。そして人間が罪から救済されるためには神の恩恵が不可欠であることを力説するようになった。この恩恵概念には神が人間を救済するために、罪の支配下にある状態から恩恵によって救われた「自由にされた自由意志」が説かれた。だが自由意志が恩恵によって罪の奴隷状態から解放されると、義への愛が生まれ、愛が律法を実現するがゆえに、自由意志の働きは回復された。

彼は言う「罪の奴隷は〈義から自由〉となっており、その場合、わたしは言う、意志は自由だが、自由とされていない、義から自由だが罪の奴隷である」と。ここに自然本性的な自由と救済された意志の神学的自由がはっきり区別され、「自由とされた自由意志」が同語反復ではなく、また「拘束された自由意志」が形容矛盾でないことが明らかになった。むしろそこには自由が単なる自由意志の選択的な行為を超えて、質的に高まったことが判明する。

しかし、このアウグスティヌスの主張に対する反論はやまず、教会内部からの批判という形で起こり、信仰と功績となる善いわざとを奨励するためには、自由意志が認められねばならない、と批判された。これに対しアウグスティヌスは次のように説いた。すなわち聖書にしたがって自由意志が認められても、必ずしもそれは現実の働きでは実質的に善ではなく、義から自由となって罪の奴隷となっている。あるいは意志は罪から解放されて善となっている。自由意志はこのいずれかであるが、神はその恩恵によって罪から自由意志を解放するために働く神の「活動的恩恵」だけでなく、こうして生じた善い意志に協働して善い行為を完成に導く「協働的恩恵」を説いた。前者では「神はわたしたちなしに働きたもう」とあるようにわたしたちの業に先行的に働き、後者では「わたしたちと協働したもう」とあるように協力する。このように恩恵の働きが区別される。これによって教会の内部からの批判に対し彼は答えたが、中世ではこれに反対する人たちが依然として多く輩出するようになった。したがってアウグスティヌスが説いた恩恵論をどのように哲学的に基礎づけるべきかが後代に課題として残された。

九　近代における自律の確立

ところで近代に入ると神との協力関係は一般に否定され、個人が神から離れて、自主独立するようになった。このことは近代社会の成立とともに起こった大変化であった。それまで支配的であった共同社会は資本主義の近代社会の成立によって支配の交代が起こり、個人は神に依存する信仰を捨てて自律するようになった。その自律はカントが明らかにしたように理性によって各人が独立し、その行動を律することを意味する。その結果カントでは道徳の原理が他律を退け自律に徹することによって確立された。その際、強調されたのは意志のあり方である。まず「意志はある法則の表象に従って自己を行為へ決定する能力と考えられる」（『人倫の形而上学の基礎づけ』野田又夫訳、世界の名著、二七八頁）とあるように、意志は自己決定の能力である。しかし意志は「自己自身の立法しかも普遍的な立法に服していること、人間が自分自身の、しかも自然の目的からいえば普遍的な、立法意志に従って、行為するよう義務づけられているだけである」（前掲訳書、二七二頁）。そこから「意志の自律とは、意志が（意志作用の対象のあらゆる性質から独立に）かれ自身に対して法則となるという、意志のあり方のことである」と規定された。そしてこれ以外の意志のあり方はすべて他律とみなされた。

一〇　個人主義から個我主義へ

現代にいたるとこのような個人主義が個我主義に変わっていく。このことはマックス・シュティルナーの「唯一者」の思想にはっきりと表明されている。この唯一者はエゴイストにしてニヒリストであって、ヒトラーのようにすべての権力を自己一身に集め、大衆を気ままに制圧、支配する独裁者となって現われた。つまり近代哲学は「自我」の哲学といわれるように理性によってのみ立つ自律的主体性を確立しようとした。そこに自由が求められた。しかし、啓蒙主義以来、最高存在としての神を否定して自由を求める傾向が優勢となった。ここに自我が変質して、シュティルナーによって説かれたように「唯一者」というエゴイストとなり、世界をすべて自己の「所有」とみなすようになった。こうして近代的個人主義は自己本位の個我主義(エゴイズム)に変質している事実をわたしたちは見逃すわけにはいかない。

一一　ボナールの友情論

これまで解明してきたように愛が本質的に相互性において成り立っていることは「愛とは自他の共同(コイノニア)なのである」と説いたアリストテレスによってもっとも明瞭に説かれたものであった。このような愛は友愛(フィリア)にもっとも明確に現われていた。この友愛は当時恋愛と対立的に考えられていたが、やがて恋愛も相互性において成り立つと説かれるようになってきた。プルタルコスやオウィディウスさらにアウグスティヌスや中世の恋愛詩人トゥルバドゥールによってそのことは力説されるようになった(金子晴勇『愛の秩序』創文社、五八―六六頁参照)。

だが現代でもこの点はボナールの有名な『友情論』などでも依然として説かれており、友愛が恋愛と対比的に論じられる。確かに彼が言うように恋愛には性欲という本能が含まれ、親や兄弟姉妹に対する愛には血縁関係という自然の生命が働いている。友情にもカントが語っているように「必要の友情」とか「趣味の友情」のごとく利害や傾向性が主導的である場合もあって、すべてが「心の友情」ではないけれども、友情の本来の形態はキケロのいう人間の協同性にもとづいており、身体的自然から独立している。ボナールは友情の高貴さを次のように恋愛と対比しながら論じている。

恋愛の力というものは、それがわれわれに吹きこむところの数々の感情の混乱でつくられている。恋愛のなかには絶えず人が口にする高まろうとする欲求と、それほど口にはされないが、それに劣らず強い堕落への欲求がある。……恋愛は、上昇の観念でわれわれを誘わぬときには、堕落の観念でひきつけるものだ。……これに反して、友情とは、ひたすら、われわれのなかのよりすぐれた部分へ語りかけるものである。ただ単に高貴であるだけの恋愛には、色あせ貧しいものになる危険がある。つまり、必要な肥料が欠けているといえるであろう。友情は、高貴そのものであるときほど強いことはない。

（ボナール『友情論』安東次男訳、角川文庫、四二頁）

ボナールはこのように友情の高貴さを力説し、それに対し恋愛の問題点を指摘している。とりわけ恋愛が精神の承認なしに事を開始する点にその弱い点が指摘される。彼は友愛における相互性を認めていても、アリストテレスやアウグスティヌスのように相互性や信頼関係に友愛を基礎づけていない。とりわけアウグスティヌスでは結婚における信頼や信義も友愛のための手段として見なされ、強調された。彼によると道徳的善には二種類あり、それ自身のために求められるものと、他の目的のために求められるものとに分けられている。知恵・健康・友愛が前者に属し、学識・食物・結婚が後者に属する。したがって結婚は友愛のためにあり、友愛と共同のために存在価値をもつと説かれるようになった。彼は言う「結婚が善であるのは、単に子を産むためばかりでなく、異なった性における本性的な共同そのものでもあるように思われる」(『結婚の善』三・三)と。この共同は友愛のように相互的な「共に働く」という意味での協働性にもとづいている。この協働的な生き方は人と人とが共に働くことから根源的に生まれてくる。ここにわたしたちは共に働く協働律が成立していることを認めることができる。

Ⅸ　対話哲学の歩み

――ブーバーからシュトラッサーまで――

はじめに

第一次世界大戦後に近代の主観主義的な傾向を超克して新しい人間学を確立する運動が起こってきた。このような新しい傾向はすでにカントを批判したハーマンや言語学者フンボルトの言語理論のなかに、さらにヤコービ、フィヒテ、フォイエルバッハと続く近代哲学のなかに展開した。それはさらにブーバーによって全面的な開花がもたらされた。彼の周囲には、それぞれ独自の歩みのなかから、期せずして同時に同じ思想に到達した思想家が多くいた。エープナー、ローゼンツヴァイク、マルセルなどの対話的思想家がそれである。このような思想家が同時に現われたということは、現代という時代の要請であるとしか考えられない。それゆえカール・ハイムがこの思想運動を「現代思想におけるコペルニクス的行為」と名づけたのも正当であるといえよう。なぜなら対話的思想家たちの共通の問題意識を調べてみると、そこには主観主義化した個人主義とラディカルな集団主義との分裂の苦悩が、他者を「汝」として捉え直すべく探究されていたことが知られるからである。ここにブーバーの出発点があり、『我と汝』で完璧な詩的表現に達した思想の土壌があるといえよう。

一　ブーバーの『我と汝』

「我と汝」と「我とそれ」という二対の根元語によってブーバーは「我」に向き合うものについて二つの基本的態度を区別して、「我」をそれ自体として実体的に考える主観主義的思考を初めから退けた。「我と汝」の関係は人格的に向き合う人間を想定し、これに対し「汝」と語りかけることによって呼び開かれる。それに対して「我とそれ」の関係は非人格的（非人称的）客体（物）だけを対象とする。この「我」は知的観察の主体であって、ただ一方的に見るのみであり、自らを見られたものとして知ることはない。つまり「一方通行」である。この「我」は内側から外に向かって動く、他動詞的行為であって、外から内に帰還しない、つまり自己に戻ることはない。ところで「我―汝」における「我」は他者によって知られていることを自覚している、他者との相互的な関係に立っている。その際、「汝」には、「我」に向かって立つ者としての「他者」の側面と、わたしがその他者に向かって「汝を語ること」によって開かれる関係行為の側面とがある。そこから「汝」は他者に対する「態度」とも「関係」ともいわれ、この「関係」は互いに対向しあっている二者の相互的な関係行為による「邂逅」をもたらす。しかし、この「関係」が主観によって構成される場合は、カント的意味において「経験」と呼ばれる。これに対し対話の「出会い」の場合には相互的人間の「間」の領域が形成される。それが間主観的な世界である。

「汝」関係の世界の確立

汝関係は自然・人間・精神的実在（芸術作品・哲学・思想体系）の三領域にわけられ、これらの領域をとおって「永遠の汝」が語られる。したがってこれまでの対話的人間が扱ってきた全領域にわたってブーバーは思想を展開しているといえよう。『我と汝』以後の著作は詩的に語られた思想の理論的完成をめざしていると考えられる。しかし「わたしはいかなる理論ももたない。わたしは一つの対話を交しているのだ」と彼は著作の全体に適用したいと願った自己証言を残している。彼は対話的思想家であるのみならず、対話の思想を真に生きた人、現代における対話的人間の生ける模範であった。

対話的人間はさまざまな人間類型のなかに生き続けてきたのであるが、現代においてブーバーを中心として対話的人間の理想的な型が求められ、またそれが現われ出ているといえよう。

人間の本質的関係能力

この能力によって築きあげられた共同体と関係を喪失した群居する人間集団、つまり「無形の大衆」とは同じ社会形態をとっていても、内実はまったく相違しているといえよう。「汝」を語ることは「間」の領域では相互的に語りあうことになるので、我と汝の間に一つの「中心」を形成し、しかも、この中心が「汝を語ること」によってつくりだされているため、中心は「中心的汝」となっている。他方、関係を喪失した群居集団はそれぞれの自己のうちに中心をおく原子の集合となっている。前者は生ける中心の汝が共同体をつくりあげているが、後者は中心が分散しているため、強力な法的支配を外側から加えなければ群衆の統制は得られない。この「中心的汝」についてブーバーは次のように語っている。

真の共同体とは次の二つのこと、すなわち、すべてのひとびとが一つの生ける中心にたいして生ける相互関係のなかに立つということと、そして彼らどうしがたがいに生ける相互関係のなかに立つということによって成立するのである。共同体は生ける相互関係をもとにして築きあげられる。しかし、その建築士はあの生きて働きかけてくる中心なのである。

（『対話的原理Ⅰ』六一頁）

この「中心的汝」のなかで人間の相互的関係が実現しているところに共同体は成立する。古代社会ではこの中心的汝が「汝」として呼びかけられる神やマナ、神性の像であった。この生ける中心を現在、感じとり、「汝」に向かって共同体を形成することなく、制度や機構の変革を世界から戦いとろうとするところに、共同体の心性は不在であるとブーバーはいう。共同体のなかにみずから生きないで過激な行動によって一切の所有や幸福、自由や生命を放棄しても、人格として現在生きることを犠牲にして、いつくるかわからない未来の瞬間を引きあいにして、その手段となすことはできない。共同体は未来に描かれる幻想ではなく、人間の生そのものに深く根ざしたものであって、対話のなかで「汝」を語る関係行為のなかに姿を現わしているのである。

「永遠の汝」と「永遠の中心」

このように「汝」が空間的に結びあわされて中心となり、社会が形成されるのに対し、個々の汝は時間的にはその連続性を「永遠の汝」のなかで形成している。ブーバーは「永遠の汝」について『我と汝』の第三部で詳論している。その主題が「もろもろの関係の延長線は、永遠の汝において交わる」とあるように、関係行為としての個々の「汝をいうこと」を通して「あの根源語〈我—汝〉が永遠の汝に語りかけ」、「本質的に〈それ〉となり得ない」永遠の汝につながっているという。それは神であって、神を見いだした者は「永遠の中心を見いだしているのであるが、この発見は彼の道の終りを意味しないのであり、彼は「途上」を歩んでいる。「中心」は同時に「途上」を意味しているのである。この中心の力はあらゆる中心に向かっての「転向」・「対向」・「出行」をひきおこすとブーバーはいう。

このような中心へむけて絶えず生じる転向、対向、出行によって、さまざまな関係の孤立した瞬間が結びあわされ、「汝の世界の連続性」が保たれる。「汝」は「それ」に化する宿命、「われわれの運命の悲壮なる憂愁」のゆえに、連続性と人間の手になる客観性がない。「汝」は非連続でしかない。しかし、この非連続の「点」は「永遠の汝によって結びあわされて、非連続の連続として一つの「線」をなしている。「汝の世界は、もろもろの関係の延長線がそこで交わるあの中心、すなわち永遠の汝と連関している」（前掲訳書、一三三頁）とブーバーは語っている。この中心から対話の基本運動の「対向」がたえず喚起されてくるのである。

二　マルセルの『人間の尊厳』

カトリックの実存主義者マルセル（一八八九―一九七三）は実存哲学の影響下にありながら、単独者としての個別的実存を超克する原理的に新しい思想に到達している。この新しい傾向はブーバーによって開始されたもので、両者は期せずして同じ思想に到達した。

マルセルは自己の生活体験から観念的な哲学思想によっては達せられない人間存在の秘義を明らかにしようとする。彼は存在を客体化し、所有物となしえず、ただ共同的に関与し、主体と他者との、主体と神との交わりのなかに忠実にとどまる程度に応じて人間は存在に到達するものと考える。そのためには自己が他者や実在とともにあり、それと出会っていなければならない。出会いのなかで自己の存在が大きく変化する。これは稀な経験であるが、恋愛や友情の中では起こっている人間的愛の経験のなかに自己中心的生き方は打ち破られて、「汝」との交わりから新しい存在が造りだされる。

このようなマルセルの実存思想は「忠実」と「希望」で見事に展開しているが、ここでは「尊厳」を通して考察したい。

人間の尊厳ということが、その重要性をたえず増大しながら現代人の心に被いかぶさってくることは事実である。しかし同時に、人間の本質についての思索がたえず不安をつのらせながら発する疑問が、伝統的な命題、つまり『実践理性批判』が到達した結論をうのみにすることをますますむつかしくしてきていることも認めなければならない。すなわちそうした主張は結局、本来の意味での実存の路線内で、つまりつまずきが、屈辱と迫害を入り交えて起こるような点において、行なわれていないということなのである。哲学的な思索の場でつまずきや、パラドックスに正当な市民権を与えたのは、あのデンマークの思想家の不滅の功績である。しかし人が、彼は固有の意味でのキリスト教的な主題に余りにも一方的なアクセントを置きすぎたのではないかと、疑問に思うこともおそらく正しいのではなかろうか。われわれがおかれている歴史の一時期において、技術絶対化の道を進む世界が心の生を圧する脅威を前にして、哲学者はその個人的信仰いかんにかかわらず、実存者としての、世界の中の存在としての人間の状況の中に、あらゆる歴史的、超歴史的啓示に訴える以前に、抽象的に限定される合理性の次元にではなく生と死の境地においてたしかめられるべきものと思われる、このすて去ることのできない人間の尊厳性の本当の根拠を探さなければならないだろう。

（『人間の尊厳』三雲夏生訳、春秋社、一九六六、四二―四三頁）

そこでマルセルは平等と兄弟愛との本質的な相違を指摘する。

兄弟愛とは逆に本質的に他者中心的なものであります。つまりあなたはわたしの兄弟であり、わたしはあなたを兄弟として認め、わたしの兄弟として遇するのです。たしかに逆が起ることも明らかです。もしわたしがあなたから傷つけられれば、わたしがあなたに恨みをもちながらも、結局わたしはあなたの兄弟なのだと思うこともありえます。しかしそういうのはむしろ二義的な場合です。それにわたしが一時的にそうした恨みをあなたに向けるのは、明らかにあなたに踏みにじられたわたしの権利の名によって、つまり兄弟愛よりむしろ平等の名によってなのです。ところがもし人が兄弟愛の根底に見出される他へ向かって拡がる認知の働きに注意すれば、それがごく自然に、平等にみられるような権利要求とは反対の方向に向かっていることがわかるでしょう。（前掲訳書、一七七頁）

彼は抽象的な理性主義の考え方を批判しながら人間の尊厳性を考察している。また伝統的な神の像という観念も批判する。すなわち「人間の尊厳性は何らかの形の信仰宣言によって、すべての人の父である神を公に認める人にしか肯定されない。つまり神に似た姿という点においてのみ人間の尊厳が現われると考えることは間違いだと思います」と言い、逆に人間の有限性の内にこそ人間の本質的な尊厳が見いだされると説く（前掲訳書、同頁）。

この点は彼の「自由」の捉え方によく示されている。「何びとも厳密な意味で、わたしは自由だということはできない。人間は自由であるということには何の意味もありません。またルソーと共に人間は自由に生まれたと主張することはさらに無意味なことです。自由を一つの属性と考えるほど宿命的な誤りはありません。わたしは自由とは正にその反対だといいたいのです。他のいい方をすれば、自由とは一つの獲得物――つねに部分的で、つねに不安定で、つねに争われる――なのです。ここでわたしが先に希望についていったのと全く同じように、自由が生まれるのは捕囚の状況のなかにおいてであり、まず解放されることの憧れとして生まれることを見逃さないでください」（前掲訳書、一九〇頁）。同様に彼はサルトル流の個人主義的な自由論とか科学技術的な統制による支配とか政治的な全体主義についても人間の尊厳を犯していると批判する。そこには自分を何らかの道具のようなものにしてしまうことに対する、断固たる拒絶を含んでおり、そこに人間の尊厳を回復させようとした。そのための彼の基本的な立場は間主観性である。

わたしがこの講義を通じて明らかにしようとしてきた思想の脈絡からすれば、今述べた意義とか賭金というものは相互主体性、もしくは、いうなれば兄弟愛の領域においてのみ理解しうるものだということは極めて明瞭なことです。おそらく今までいってきたことのすべては、われわれがもっとも自由な人間は、またもっとも兄弟愛に富んだものであるということを原則として考える場合に、はっきりしてくることと思います。しかしそういう公式の深い意味は、われわれが兄弟のようであるという言葉が意味しているものを明らかにすることによって、初めてはっきりしてくるものです。兄弟愛に富んだ人間はその隣人に結びついています。しかしそれはその結びつきの群が彼を縛りつけるどころか、彼を解放するという意味においてであります。ところでわたしがはっきりさせたいと思っていることは、まさにこの何よりも大切な解放ということです。何故なら、われわれはすべて自分自身の虜となりがちなものですから。単に自分の利害や、情熱や、あるいは単なる偏見の虜となるだけでなく、もっと本質的な仕方で自己中心的で、すべてのことを自分の側からしか考えようとしない心の傾きの虜になりがちなものですから。これに反して兄弟愛に富んだ人間は、自分と兄弟の間に通う交わりによって、兄弟を豊かにするすべてのことによって自らも何らか富まされるものであります。（前掲訳書、一九一頁）

兄弟愛とは、あらゆる種類の分裂に反対するものでなければ何でしょうか。自己に対する尊敬ということは、まさに自分を道具のようなものにしてしまうことに対する、断固たる拒絶を含んでいるのです（前掲訳書、一九二、一九四頁参照）。

三　エープナーの『言葉とその霊的現実――霊性論的断章』

ブーバーと同じ対話の原理を見いだしたのは、同時代のドイツ人のなかには数多く見られるが、その一人としてフェルディナント・エープナー（Ferdinand Ebner, 1890-1931）がまずあげられねばならない。彼はオーストリアのウィーン郊外のある小学校の無名の教師であったが、『言葉とその霊的現実――霊性論的断章』（Das Wort und die geistigen Realitäten, 1921）を出版したことによって注目されるようになった。彼はドイツ観念論との言語哲学的な対決を通して対話思想を展開する。すなわち観念論の孤独な我と主観の意識内に閉じ込められた汝に対して、エープナーは、人間の生のもっとも深い霊的現実を言語において起こるような「我―汝の関係」によって対置する。人間は語る存在である。そして、まさにそのことによって人間は霊的実在としての自己を啓示する。ここから彼はすべての人間の実在を対話的存在として捉え直した。このことは一九一七年の日記に「コペルニクス的転回」として次のように記されている。

わたしは、あなたを求めているうちに「あなたが向こうからわたしを暖かく迎えてくれる」のに頼っているのをいつも感じた。そうだ。この中に或る深い意味があるのではなかろうか。人は、あなたを求めて発見しようとする間に、あなたが向こうから出迎えてくれることに頼っていると感じたが、このことが問題なのではないのか。

(Das Wort ist der Weg. Aus den Tagebüchern. 1949, S.127-128)

ここには彼が生涯にわたって懐いていた問題意識と思索の基本方向が明瞭に示される。彼はまず「孤独とその克服」という問題から出発し、この問題を人々の間に求め、さらに自己の理想の姿にも求めたが、すべて失敗する。そこから神が彼を求めて働きかけてくることを願うようになった。このような精神的葛藤を経て一九二一年に主著『言葉とその霊的現実』が書かれた。自我の孤独は普遍的な理念によって思惟するような抽象的自我に由来するのであるが、具体的な生活の現実を見ると、現に生きている「わたし」は、具体的に存在する「あなた」との言葉を交わす関係においてのみ自覚される。しかも、この「あなた」は、抽象的に考えられた「もの」ではなく、全人格をこめて「言葉」によって語りかける「あなた」である。彼は言う、「事態はきわめて簡単である。わたしの現実存在は自己自身との関係のなかにあるのではなく、あなたとの関係にある」(Ebner, op. cit., S.26) と。だが彼は「わたしたちの霊的な生活の究極的な根底においては、神こそ人間における真の〈わたし〉に対する真の〈あなた〉である」(Ebner, op. cit., S.28) と自己の経験にもとづいて語る。ここには同時に「わたし」だけでなく同時に「あなた」もわたしに向かって親しく語りかけてくることが経験されており、このような対話の発見こそ先に「コペルニクス的転回」と言われた根本体験であった。

この体験には一つの逆転が認められる。具体的な生活の現実では、わたしがあなたを求めているのではなく、逆に、あなたの方がわたしを求めて出迎えている。この事実こそ抽象的な思考の世界とは全く相違した具体的な生活現実の特質である。その際、彼は「言葉」(Wort) が次のような特質をもっていると主張する。「言葉が一人称と二人称との間で交わされる事実から、精神的な意味で言語を基礎づけるすべての試みは出発すべきである」(op. cit., S.29) と。さらに言葉の意義について次のように言う。ハーマンに言及しながら「わたしたちの魂の目に見えない本質は言葉によって啓示される」。また「マックス・シェーラーによると言葉をもっていることが言語を可能にしている。この言葉は、それが人間に授けられている究極の根拠において理解すると、神に由来する」。さらに「わたしとあなたとの関係なしには、単にわたしが存在しないばかりか、言語もない。自我の自分だけであるという存在は、精神的な人間生活における根源的な事実ではない」（op. cit., S.30-33. 三つの引用とも）。これらの思想の背後にあるのは、対話の原理であって、わたしがあなたに向かって一方的に語りかけるのではなくて、逆に、あなたも、わたしに向かって語りかけているという事実である。ここにエープナーの思想における間―人格論がその完成された全貌を現しはじめる。彼はこの対話の原理を神との関係から導き出した。

神との関係は、人格的なものであり、またそうあるべきである。だから、それはわたしのあなたに対する関係としてのみ理解される。文法においては一人称の二人称に対する関係として理解される。その際、文法ではその間にむろん価値の位階は表現されていない。ところが、わたくしとあなたの関係は、語りかける人格と語りかけられる人格との関係でもあり、〈言葉〉がそこに息づき、生きている〈霊的な場〉（die geistige Atmosphäre）でもある。そこには〈言葉〉は神の方から来て、最初から終わりまで、人間のなかを通って神に帰ろうとする。だから、わたくしとあなたの関係は、言語が実際にそこで語られる霊的な場面であるから、究極的には人間の神に対する関係以外の何ものでもない。　（op. cit., S.37-38）

このような神と人との対話的な関係は次のような対話論的な考察を導き出す。

神の人間に対する関係は、「わたし〔神〕は在り、わたしによってあなた〔人間〕が在る」という恵みと愛の創造の言葉に表れている。だが人間の神に対する関係はこれとは逆になっていて、この関係を通して人間は自分の存在と霊的根底とを知るようになる。ここですべての祈りを担い、意義を約束する言葉は「あなた〔神〕は在り、あなたによってわたしが在る」である。神としてのあなたが一人称であり、人間としてのわたくしは二人称である。このように霊的存在の位階秩序がはっきりと打ち立てられる。神は「自我の投影」(die Projektion des ichs)ではない。多くの心理学者たちは、人間と神との生きた関係を捉えずに、ただ神的なものについて人間的な理念だけを捉えている。あなた〔神〕の存在(Existenz)がわたしの存在を前提としているのではない。逆に、わたしの存在があなたの存在を前提としているのだ。(op. cit., S.53)

わたしが神に呼びかけるとき、わたしが主体であり、神は客体であるが、人格的な出会いと対話では、神が語りかける主体であって、人間は語りかけられて初めて真の人格となる。こうして対話関係では神こそ「言葉」の主体であり、人間はこの「言葉」によってとらえられ、変革される存在である。このように対話の中で主客の秩序の逆転が起こっている。ここに「霊性論的な実在論」（der pneumatologische Realismus）の内実が明らかとなる。

この書物は一九二〇年代だけでなく、時代を超えて影響を与えた。とりわけ現代における多くの神学者たちに中でもゴーガルテンに強い影響を与えた（F. Schleiermacher, Das Heil des Menschen and Traum von Geist. 1962, S.154ff. を参照）。彼はエープナーの考えを積極的に採用し、神の歴史的な言葉が具体的な歴史的状況における人間によっていかに理解されうるのかという問題に立ち向かっていった（エープナーに関する邦語文献に小林政吉氏の著作『キリスト教的実存主義の系譜』福村出版、一九七五年、三四三―四〇一頁と『人間形成の近代思想』第一法規出版、一九八二年、六五―一二四頁がある）。

四　ローゼンツヴァイクの『救済の星』

フランツ・ローゼンツヴァイク（Franz Rosenzweig, 1886-1929）は、カッセルでドイツに同化したユダヤ人の家庭に生まれた。大学ではじめ医学を専攻したが、やがてその関心が哲学と歴史学に向けられるようになる。哲学をハインリヒ・リッケルトのもとで、歴史学をフリードリヒ・マイネッケのもとで学び、やがて『ヘーゲルと国家』(一九二一年)を発表した。しかし彼自身は現代の若者の精神的渇望を癒せるのは、ドイツ観念論のような哲学ではなく、宗教であると考えるようになった。そこでキリスト教に改宗することを決心するが、そのまえにユダヤ教に決着をつけようと願って一九一三年の一〇月にベルリンの小さなシナゴーグの集会に参加した。ところが礼拝式の荘厳なムードに感動し、ユダヤ教の生きた信仰に触れ、ユダヤ教徒として生きつづける決心をする。このときの感動を、彼は母親宛にこう書き送った。

ここには一方のイエスとその教会と、他方のすべてのユダヤ人とのあいだにひとつの深淵が横たわっており、この深淵はけっして埋められることがありません。異教徒たちは、内奥の心と神との結合にイエスを介してしか到達できませんが、こうした結合はユダヤ人がすでに所有しているものです。……ユダヤ人は、選ばれた民のひとりとして生まれていることによって、生まれつきそれをもっているのです。(一九一三年一〇月二三日の書簡、『救済の星』村岡晋一・細見和之・小須田健訳、みすず書房、二〇〇九年、六七六頁)

ここに述べられている「内奥の心と神との結合」というのは霊性の機能を指している。ドイツ人はこれを神秘主義に求めてきたが、ユダヤ教徒はハシディズムによって育成してきたといえよう。ここからブーバーが対話の原理に転向したように、ローゼンツヴァイクも同じ道を歩むことになる。その後、彼はブーバーに協力して旧約聖書独訳の仕事に励み、その中の八書をブーバーと共訳したが、一九二九年、四三歳の若さで病死した。

彼の主著『救済の星』は一九一八年バルカン戦線が壊滅状態になったころから書き始められ、ドイツに帰国してからカッセルとベルリンで書き続けられ、一九一九年に完成し、一九二一年に出版された。この書の全体の構想は三巻からなるが、ここではその骨子だけを示そう。第一巻は「死」という根源的経験から人間の悲劇的有様を捉え、その生きた形態を古代ギリシアの異教世界のうちに見いだす。ここでは「対話にはいると〈自己〉であることをやめ、ギリシア悲劇では自己はただひとりある場合にのみ自己なのである」（前掲訳書、一一六頁）。第二巻では「愛」という根源的経験から出発して「創造」「啓示」「救済」という宗教的観念のうちに潜んでいる「対話的な生」を取りだす。だが第二巻の考察も、第一巻と同様、常識の思考にもとづいており、対話の生活を現実の世界に生きる形態として見いだす。その生きた形態は、対話的時間性である「永遠性」（Ewigkeit）の眼に見える形態として把握される。それはユダヤ民族とキリスト教の会衆のなかに実現される。第三巻はこの形態を「永遠の超世界」として展開させる（この著作の構成については佐藤貴史『フランツ・ローゼンツヴァイク――新しい思考の誕生』知泉書館を参照）。

この構成からすでに明らかなように、『救済の星』の理解にとって決定的に重要なのは第二巻であり、そのなかでもその第二章の「啓示」である。彼は「神的な愛の啓示こそが〈すべて〉の中心点だ」と強調する（前掲訳書、五九九頁）。ここでは対話の言語が主題的に論じられて「対話の哲学」が展開する。

ローゼンツヴァイクは同時代の実存哲学者とは一線を画しており、とりわけ対話において新しい思想を形成した。同時代の哲学者ハイデガーの『存在と時間』に展開する「世人の分析」によって示されるように、他者と共にある日常的な現存在の様態は実存から頽落した非本来的なあり方として拒否された。これに対してローゼンツヴァイクは「死」という根源的経験から転換して「愛」という対話的な存在に立ち向かう。事実、自我を絶対視する近代人には神と人との対話など何の意味もない。タレスからヘーゲルにいたる「すべて」の哲学に忠実にしたがって、もしすべての人間に共通な普遍的なものが取り出され、個人が類的なものに還元されてしまうなら、わたしが他者に「語りかける」という行為などは無意味となってしまう。「対話」が成り立つためには、このような「すべて」の哲学を脱して、「神」と「世界」と「人間」の三者が互いに自立しながら関係するものとして経験されていなければならない。この三者は、やがて生まれる対話的関係を構成する「諸要素」（Elemente）である。しかし、これらの要素がどのような軌道を描いて展開するかは、これらの要素そのものからではなく、絶対的な外部にある何ものかが人間に向かって語りかけるという出来事から把握しなければならない。これこそ「啓示」という宗教的経験である。それゆえ対話的な自己を経験するためには、古代ギリシアの異教世界からユダヤ・キリスト教の世界へ踏み込まなければならない。

ローゼンツヴァイクは対話の事実を確認するために、まず命令文が決定的な意義をもっている点をあげる。命令は聞き手に向かって発せられる。その聞き手の状況と内実について次のように説かれる。

ここにいるのは「わたし」である。個人としての、人間としての「わたし」である。まだ完全に受動的であり、かろうじて身を開いただけであり、いまだ空虚で、内容もなければ、本質もなく、純粋な覚悟、純粋な従順さであって、全身これ耳であるような存在である。この「従順に聞くという態度」のうちに最初の内容として舞いおりてくるのは、命令である。聞くことへの促し、固有名詞による呼びかけ、語る神の口から出る確約、これらすべてはあらゆる命令にさきだって響いている導入郡にすぎない。（前掲訳書、二六八頁。なおローゼンツヴァイクの対話の哲学については村岡晋一『対話の哲学——ドイツ・ユダヤ思想の隠れた系譜』講談社、二〇〇八年、一六二頁以下を参照）

このような聞き手がいるから命令は発せられる。したがって命令文にはわたしの応答という対話行為が前提されている。命令文には主語の一人称が欠けているが、聞き手も何を語りかけられるか知らないので、「完全に受動的であり、かろうじて身を開いただけであり、いまだ空虚で、内容もなければ、本質もない」と言われる。ところが、「はい、わたしは……」と言って語りだす、聞き手の応答行為のなかに、主語の一人称が姿を現わす。聞き手が対話に入るとき、自ら語りはじめ、そのとき初めて、人間は自らの主体性と自由を自覚し、真の「わたし」に目覚める。

「わたし」は、「あなた」をみずからの外部にある何かとして承認することによってはじめて、つまり、モノローグからほんとうの対話へと移行することによってはじめて……「わたし」となるのである。……本来的な「わたし」は、「あなた」の発見においてはじめて声として聞きとれるようになる。（前掲訳書、二六五—二六六頁）

しかもこの「わたし」は、そのつど自ら語ることによってのみ「わたし」に目覚め、自分を他者に開くことによって初めて真の主体性を得る。ローゼンツヴァイクは対話によってつねに新しく更新される「わたし」を、デカルト的な思考に閉じこもった自閉的な「自己」と区別して、「魂」（Seele）と名づける。こうした魂こそ「啓示、あるいはつねに更新される魂の誕生」として第二章「啓示」の表題に採用された。

では「わたしを愛せ」という愛の命令法はどうであろうか。それは突然発せられるがゆえに「まったく純粋な、準備を欠いた現在である」。愛の命令は聖書にも出てくる。「あなたは、心をつくし、魂をつくし、力をつくして、永遠なる者を、あなたの神を愛すべきである」と。だが、ここには次のような大きなパラドックスが見られる。

たしかに、愛は命令されえない。いかなる第三者も愛を命じたり強要したりはできない。いかなる第三者にもそれは不可能だ。だが、ただひとりだけは例外である。愛の命令は愛する者の口からのみ発せられうる。愛する者のみが「わたしを愛せ」と語ることができるし、じっさいにそう語りもするのである。愛の命令は、それが愛する者の口にのぼるときには、よそよそしい命令ではなく、愛そのものの声にほかならない。愛する者の愛は、命令以外に

みずからを表明することばをもたない。（前掲訳書、二六八―二六九頁）

このように愛する者にして初めて愛の命令を発することができる。愛が対話関係にある相手から応答愛を引き出すからである。これが啓示であり、愛の秘儀の顕現である。

この命法は愛する者の口からしか発せられず、またその口からはこれ以外のいかなる命法も発せられえないのだから、いまや啓示の対話全体の基幹語である語り手の「わたし」は、あらゆることばに刻印されて、個々の命令を愛の命令として特徴づけるしるしである。「わたしは主」という、隠れた神が自分の隠遁性を否定する大いなる「否」であるこの「わたし」とともに啓示は始まり、この「わたし」がすべての個々の命令を通じて啓示に伴っている。（前掲訳書、二七一頁）

これに対して聞く魂は応答しなければならない。魂は自分の弱さを感じて恥ずかしさを覚えながらも「わたしは罪を犯しました」と告白する。そこには神に愛されているという確信がある。これに対し神は「固有名での呼びかけ」をもって「あなたはわたしのものである」（イザヤ四三・一）と応じる。このようにして対話の生がはじまる（前掲訳書、二七六―二七九頁）。

ローゼンツヴァイクは『救済の星』を出版してから四年後に「新しい思考――『救済の星』に対するいくつかの補足的な覚書」（一九二五年）を発表した。この論文で対話論的人間学にとって重要と思われる視点が指摘されているので、それを補っておきたい。彼は新しい思考を「時間」と「他者」の二つの特徴によって規定する。現実の世界では無時間的な「概念」世界にはない時間の契機が過去・現在・未来に別れており、「神、世界、そして人間を認識することが意味しているのは、現実性というこの時間のなかで、神、世界、人間が行っていること、あるいは神、世界、人間に向かって生起すること、つまりお互いに作用しあうことやお互いから生起することを認識することである」（ローゼンツヴァイク「新しい思考」（合田正人・佐藤貴史訳、「思想」第一〇一三号、岩波書店、二〇〇八年、一九〇頁）。しかも神・世界・人間が分離した上で関係をもつ経験が起こり、時間の中で自分と異なる他者と出会うことによって新しい経験が生まれる。「こうして新しい思考の時間性から思考の新しい方法は生じる。以前のあらゆる哲学が形成したような思考方法にかわって、語るという方法（die Methode des Sprechens）が現れる。思考は無時間的であるが、語ることは時間に結びつけられ、時間によって育まれる。語ることは、他者からそのきっかけの言葉を与えられる。語ることはそもそも他者の手を借りて生活することである」

（前掲訳書、一九一―一九二頁）。また「語ることとは誰かに対して語ること、そして誰かのために思考することを意味する。そして、この誰かとはつねにまったく特定の誰かであり、一般性［不特定の人］のように耳だけでなく、口も持っている」（前掲訳書、一九二頁）。このようにして無時間的で抽象的な従来の古い思考に対して新しい創造的な思考の本質が対話的思考であることが力説された。

五　シュトラッサーの『対話的現象学の理念』

次に対話を現象学によって発展させたシュトラッサーの「対話の現象学」を取りあげてみたい。彼は明らかにフッサール現象学の発展とブーバーの「対話の哲学」を現象学的に基礎づけようと試みた。こうして彼がどのように間主観性理論を新しく展開させたかに注目してみたい（彼はオーストリアの出身であるが、ナチス・ドイツによるオーストリアの併合に際してベルギーに逃れ、その地でフッサールの遺稿の保存と整理に当っていたフッサール・アルヒーフの仕事に加わる。他者認識を扱った『デカルト的省察』ドイツ語版の編集と校訂に携わった）。

シュトラッサーは『人間科学の理念――現象学と経験科学との対話』（一九六二年）で現象学的

人間学を樹立したが、その際、「対話」が重要な役割をもたされた。彼は哲学に反目しているコント以後の実証科学と、科学から別れてしまった哲学との間に立って、反哲学的な科学と反科学的な哲学の両方を批判し、哲学と科学との相互の関連を追究した。そこでは実証科学と哲学との対話が試みられたばかりか、フッサールのなかにあった哲学に対する信仰自体が批判され、現象学の哲学をも対話へ導いた。

さらに彼は『対話的現象学の理念』（一九六九年）でブーバーの学説を認識論的に発展させた。なかでも対話関係を内から支えていた関係の相互性は「わたし」という主体と「物」という客体の間にも生かされ、相互性の原理によって対象は主観の一面的理解を越えてリアルな現前にもたらされる。つまりわたしが対象に関わってそれを現前させる仕方は、対象がわたしに現われてくる顕現に調子を合わせ、しかも普遍的で必然的な仕方でそれが遂行される。というのは相互的であって有限的な存在である人間は自己から一切を創造する神のコギトではなく、対象との相補的関係に立っているからである。

こうして関係的主体は関係的客体と交互に交代することができる。対話はこのような関係存在を端的に表明する。そこでは「あなたはわたしよりも常に先行する」という汝の優位性が説かれる。さらに主体と客体との相互関係は、コギトに「考えられた事物」ではなく「考えられうるもの」の現前化が与えられており、これに思考が「あなた」として関与するように導く。こうしてあなたはまず信じられ、「信」は客観的知識から深淵によって隔絶した存在を肯定する。このような「原初的信」の基礎に立ってコギトは展開する。したがって「あなた」に対する「対向」こそ、わたしの志向性を喚起する。つまり「あなた」がわたしを「わたし」となす。ここにあなたのわたしに対する優位があると説かれた（『対話的現象学の理念』齊藤伸訳、知泉書館、九八―九九頁）。

このような対話概念の拡大は言語を越えた領域にも拡大され、共感や共鳴などの身体的・情緒的関係、また実践的レヴェルの無名なすべての関係も対話の一段階として把握されるようになった。その際、対話には対立・緊張・批判が前提され、自己と矛盾しないような「汝」は真の意味では語られないと考えるべきである。したがって「敵対」にまで対話の関係が拡大された（前掲訳書、一〇九頁）。

ここでは思想を構成するという作業はギリシア哲学が「形相と質料」によって試みたように「無意味な質料に有意味な形を与えること」を意味しない。そこにある形相と質料との関係は鋳型のなかに液体となった鉄を注ぎ込むようなものであって、原始的な質料を理性が説得して秩序を与えるような試みにすぎない。またそれは近代的主観性の立場のように「存在しないものに存在の意味を与えること」を意味しない。それでは主観的な観念論となってしまう。そうではなく「構成するとは意味をますます明晰にしていく絶えざる過程である」と考えられる。主観の一面性は対話的な原理によって絶えず克服され、意味がいっそう促進される。この「意味促進」は身体的段階・実用的段階・言語による記号化の段階を通って完成する。したがって対話的構成の定式として「それはそれ自身を構成するが、わたしたちなしではない」また「それはそれ自身を構成するが、意味付与の最終的決定は人格存在としてのわたしたちに指定されている」と規定される（前掲訳書、一一二頁）。

第二部　対話の実例

1　アンティゴネーの悲劇——クレオンとハイモンとの対話

ソポクレスの悲劇『アンティゴネー』はアンティゴネーと叔父のクレオンとの対比を通して物語を展開させ、国家権力を自己一身に担うような考え方が正しいと信じきっているクレオンが、息子の婚約者で家の守護神を信じる、敬虔でかつ他人の事に関しても柔軟な精神の持ち主アンティゴネーを、自分が立てた国家の掟を破ったからとの理由によって牢中で死にいたらせ、そのため息子と妻に自殺される。このような悲劇のなかでソポクレスが語っている基本的な考えは、傲慢不遜という態度で対話に臨むことではなく、劇の終りに歌われるコロスの詩歌に次のように簡潔に示される。

慮《おもんぱか》りをもつというのは、仕合せの
何よりも大切な基《もと》、また神々に対する務めは、

けしてなおざりにしてはならない、傲りたかぶる
人々の大言壮語は、やがてはひどい打撃を身に受け、その罪を償《つぐな》いおえて、
年老いてから慮りを学ぶが習いと

（『アンティゴネー』呉茂一訳、「ギリシア悲劇全集2」人文書院、一七〇頁）。

幸福の基本は思慮分別、すなわち自分の分を知り、神々に対する礼拝を重んずることにある。ここに人間の自己認識と神の礼拝とが結びついており、「自己の分を知る」と言う意味での「汝自身を知れ」という命題が、ギリシア悲劇においては「お前は人間であって、神ではない」という宗教的意味をもっていることが知られる。クレオンの悲劇は、傲り高ぶること、自己を絶対視し、神々を蔑する大言壮語にある。それは結局、自己の言論のみを貫き通して、他者との対話を拒絶する。これによって対話を欠いた独語的言論の悲劇と愚行とをソポクレスは強調した。人間としての人間、つまり真人間の知恵は、自分の言いたいことを言い張るだけではなく、他者の言うところに耳を傾け、自己の考えを絶えず練り直してゆくところにある。相互に話し合い聞き合うことが何よりも大切である、ここに相互性という協働律の重要性が説き明かされる。

それゆえクレオンとその息子ハイモンとの対話のなかからも悲劇が起こってくる。

クレオン　……自分の家にあっても勤めを怠らぬ者なら、国に対しても同様正義を守ろう。それに反して掟を犯し乱暴を働き、また支配者に号令しようなど企らむもの、かような奴らがとうてい私の、賞讃をかち獲るなどは思いもよらない。さればだ、いったん国が支配者を選んだならば、事の大と小とを問わず、また正しかろうと、なかろうと、これに服従するのが当然。かように服従を知る者こそ、確信をもち断言するが、欲すれば立派な統治者とも被治者ともなり、いったん矢弾の飛び交うなかに置かれれば、勇敢かつ忠実に部署を守って戦友を扶け戦うだろう。それに反して、秩序を守らぬよりひどい悪はないのだ、そのため多くの国は滅び、多くの家も荒れて廃びれる。またそのためには槍を執る同盟軍の陣営も、さんざんに破れて潰滅するのだ。さりながら上《かみ》の綻に従う者は、安穏に生を過し、その身をおおかた無事に保とう。……

ハイモン　父上、神々は人間に生れついての、分別というものをお与えでした、それはあらゆる持物の中でもいちばん尊いものです。私には、どんな工合に、いまの仰せが正しくなかろう、など、とうてい言いもできますまいし、言う考えもありません。でも、また、他の見方がもっともらしく見える場合もありましょう。……されば何とぞ、ただ一つの見方ばかりを固執などして下さいますな、父上の仰せばかりが正しいもので、ほかのはみな間違いだなど。それというのも、自分でもって自分ひとりが知慧分別をもっていると思いなしたり、弁舌とか精神とかで、自分が誰よりも立ち優ろう、などと考える人は、えてして、よく内まで見透されると、空っぽなのが多いものです。しかし、人間として、よし賢明とされてる場合も、人に就いていろいろ学び知るというのは、けして恥ずべきことではありません、あまり自説ばかりを押し通そうとかかわらずに。

クレオン　何を、この言いようもない不埒者め、父親にむかって争論するとは。

ハイモン　いいえ、あなたが正道を踏みはずすのを、見かねるからです。

クレオン　何を、私が自分の権威を守る、それが、どうして道に戻《もと》るか。

ハイモン　道をお守りではありません、神々への務めを蹂躙《じゅうりん》なさるのですから。

クレオン　何を女の奴隷のくせに、口先だけでまるめにかかるな。

ハイモン　あなたは何か言いはりたがり、しかも言うだけ、聞こうとはしない人ですね。

（前掲訳書、一四九—一五二頁）

クレオンは権力主義者であり、正義とは強者が弱者を支配する法則にすぎないという弱肉強食の立場に立つ。この立場は、言論でも弱論強弁のソフィスト論法に通じ、対話を欠いた私語的な言論という性格をもっている。これに対立するのはハイモンであり、またアンティゴネーである。牢屋に閉じこめられた彼女は死ぬ前に次のように語る。

ああ、お墓、そこが花嫁の居間で、わたしをいつも見張りのついた掘り抜きの牢屋なのだ、そこへ今、私は、身内の人たちと出会いに赴くところなのだわ、……でも、どんな神々の掟を犯したというのでしょう。どの神さま方に、この不運な私が、まだおすがりできましょう。どの方のお救けを呼び求めたらいいのです。だって、まったく、道を守る心ばかりに、道にはずれたと言われるのだから。それにしてもだわ、ともかく、こうなることが、神さま方の嘉納なさるものでしたら、仕置を受けて自分の咎を、私もきっと覚ることでしょう。でも、もしこの人たちが間違っているなら、道にはずれた裁きに私を処刑《しおき》するより、もっともっとひどい目を、この人たちがいつか見ることなどはしませんように。

（前掲訳書、一五六―一五七頁）

アンティゴネーは神々の綻を守ったばっかりに国家の掟に違反した運命をなげきながらも、自分があるいは分からない知らざる咎を犯しているかも知れないと反省し、自分よりクレオンがひどい罰を蒙らないように祈願する。ここに彼女の柔軟な精神の表れがある。

『アンティゴネー』の結末は、クレオンが、自分の恋人を奪われた我が子ハイモンの自殺と、子の後を追った母親、つまり自分の妻の死を知って、非嘆と絶望のどん底に付き落とされる出来事である。クレオンの哀歌はまことに痛ましい。

ああ、思慮のたりない心の過誤、頑な、死をもたらした過誤だった。……何という不吉を私の思慮が生んだか、ああ、息子よ、まだ若いのに、若死をしたお前、ああ、お前が死んだのも、この世を去ったのも、みな、お前ではない、私の思慮の浅はかからだ。……ああ、ああ、人間のする労苦は何と惨めな労苦か。（前掲訳書、一六七頁）

ギリシア悲劇はこのような痛ましい苦悩の嘆きを通して人間の限界を守る思慮深さを教え、驕者の分にすぎた言葉が手ひどい報復を神から受けることを教え、人間的生の破滅を通してのカタルシス（心の浄化）をめざしている。実にソクラテスは、このような悲劇の否定を通過しないで、理性的な言論活動によって、人間的生の道を確立しようとした。

2　ソクラテスとカルリクレス

対話にはこれを導く者が必要であり、一つの主題に集中して語りあうためには、どちらかがイニシアティブをとったり、討論の場合には進行係などが必要である。また教育的対話では教師の指導を要する。ソクラテスの対話は教師が弟子に対し、話しかけ、弟子が知識を生む手助けをする「産婆術」となっている。彼はそのため弟子のレベルまでくだり、知っているのに知らぬふりをする「空とぼけ」、つまりアイロニーを行使したりした。教育的対話の場合にも対等はこのように守らなければ対話は成立しない。対話する以上、どちらかがイニシアティブをとる、つまり質問者の役を引き受けることが必要であるが、これによって「対等」が「従属」の関係になることはない。そのよい例が『ゴルギアス』編である。ここでソクラテスはゴルギアスという当代の一流の弁論家とわたりあい、また政治家カルリクレスと対等に論戦し、ゴルギアスの弟子ポロスとは質問者の役割を交替している。しかし、真なる対話は問う者と答える者との真なるものについての意見の一致をめざす以上、もはや指導する者と指導される者との差異は消えて、共同に真理を探求する方向がとられる。そこにはともに真理のなかに立つ者同志としての対等な関係が確立されている。

エッカーマンの『ゲーテとの対話』はゲーテの偉大な芸術的創作の生活を内側から教えてくれるすぐれた書物である。エッカーマンは感動的なほど自己を虚しうして偉大な天才の言葉を受けとり保管する。しかし、ゲーテは対話の相互性に参加していない。それはゲーテを讃美し礼讃するエッカーマンという人物が凡庸であったからにほかならない。ここには対話に必要不可欠な対等関係が欠如している。ところがこの書のなかでゲーテがシラーを回想して語る言葉の、なんともすばらしい対話的な響きを、聞きのがすわけにはいかない。

そこで政治家のカルリクレスとソクラテスの対話を採り上げて考察してみたいが、大規模な対話が行われている。そこでソフィストに与するカルリクレスは、ソフィストの弁論術が「迎合術」となるように、子どもに迎合する「料理人」となり、医者にはならないと論じる。この箇所の結論部分をここでは紹介してみたい。カルリクレスはソクラテスの主張を話してくれと対話的に語りかける。

カルリクレス　ぜひ、話してくれたまえ。
ソクラテス　ぼくの考えでは、アテナイ人の中で、真の意味での政治の技術に手をつけているのは、ぼく一人だけだとはあえて言わないとしても、その数少ない人たちの中の一人であり、しかも現代の人たちの中では、ぼくだけが一人、ほんとうの政治の仕事を行なっているのだと思っている。そこで、いつの場合でもぼくのする話は、人びとのご機嫌をとることを目的にしているのではなく、最善のことを目的にしているのだから、つまり、一番快いことが目的になっているのではないから、それにまた、君が勧めてくれているところの、「あの気の利いたこと」をするつもりもないから、法廷ではどう話していいか、ぼくはさぞ困るにちがいないのだ。だから、ポロスに話しておいたとおりのことが、ぼくにも言われることになるわけだ。つまりぼくは、ちょうど医者が料理人に訴えられて小さな子どもたちのまえで、裁かれることになるだろう。なぜなら、まあ、考えてもごらん。そのような人間が、そういった子どもの裁判官たちの前に引きすえられて、そのとき誰かがこう言って彼を訴えるとすれば、それに対して彼は、何と弁明することができるだろうか。
「子供たちよ、ここにいるこの男は、お前たち自身にもいろいろと悪いことをしてきたのだが、お前たちの中の一番小さい者にさえも、切ったり焼いたりの治療をして、身体を台なしにするのだ。それからまた、とてもにがい薬をのませて息をつまらせたり、無理やりにひもじくしたり、渇かせたりしながら、痩せ衰えさせて、お前たちを困らせるのだよ。わたしがお前さんたちに、ありとあらゆるおいしいものを、たくさんにご馳走してあげたのとは、わけがちがうのだからね」と。

こう言ったとすればだよ。そういう苦境に追い込まれたときに、その医者は何と申し開きをすることができるだろうと思うかね。いや、もし彼が事実ありのままを正直に述べて、「ぼくがそういうことをしたのもみんな、子供たちよ、お前たちの健康のためなのだ」と言ったとすれば、そのような裁判官たちは、まあ、どれほどの叫び声を立てるだろうと思うかね。それは、大へんなものではないかね。

カルリクレス　そうだろう。それはたしかに、そう考えなければなるまいね。

ソクラテス　それでは、その医者はすっかり困ってしまって、どう言っていいか、わからないだろうと思わないかね。（『ゴルギアス』加来彰俊訳、岩波文庫、二三二―二三三頁）

ソクラテスの問答法はソフィストの弁論術と区別される。弁論術の弱論強弁は権力主義の弱肉強食に通じている。だから弁論術は立身出世の有力な武器ともなっていた。問答法と弁論術は『ゴルギアス』の主題であった。ソクラテスが弁論術の大家ゴルギアスのいるところでその弟子ポロスにむかって「君は一問一答で話をすることのほうは、なおざりにしてしまったようだけれども、弁論術のほうでは、なかなか立派な教育を受けているように思われる」（前掲訳書、八二頁）と二度まで繰り返し述べている真意は何であろうか。弁論術の大家であるゴルギアスによると、弁論術とは言論によって大衆を説得する技術である。だから現実において弁論家の方が医者よりも大衆を説得する力が大きい場合だってありうる。すると、真の知識をもつ知者よりも彼の方が優れている。したがって知識のない大衆に、自分も同様何も本当は知っていないことがらについて説得する術が弁論術ということになる。こうして法廷で論争する弁論術というものは司法術の下にもぐり込んだ「迎合の術」であって、事柄そのものを捉える真の知識に達しないで、ただ相手に勝つための論争術にすぎない。だからソフィストはあらゆることを多く論じ語ることができたとしても、知識を真に身につける精神に欠けている。

一問一答の対話法は相互に一致するまで吟味を重ねてゆくことであって、これによってのみ、真の知に達し、自分の身についた知識は実践的に生きもする。「おたがいに相手の言うことに同意を与えあいながら考察をすすめるようにすれば、われわれは、自分たちだけで裁判官と弁護人を同時に兼ねることができるだろう」（プラトン『国家』、上巻、藤沢令夫訳、岩波文庫、七七―七八頁）。問答法は人間と人間との交互的で社会的行為たる対話によって真理を自己のものにしてゆく方法であって、哲学はいまや知的なモノローグから「対話」に転じている。

3　ナルキッソスとエコー

ソクラテスは対話する哲学者であり、一問一答という問答法によって真理を探究したことはよく知られている。ところで哲学者ゼノンは「人間は耳を二つもつが、口は一つしかないことを忘れるな」とかつて語って、対話で重要なことは「語る」よりも「聞く」働きであり、人間は本性上、「聞く」働きを二倍もそなえている点を指摘した。それゆえもし人がこの事実に反して、他者に聞くことなく、自分の主張だけを語り、相手を無視して自己主張に走るとしたら、どうなるであろうか。とくに自分の語ったことばの反響であるエコーだけしか聞かないとしたらどうなるのか。「ナルキッソスとエコー」の昔話こそこうした場合に生じる不幸の実体を如実に物語っている。オヴィディウス作『変身物語』巻三にはこの物語がおおよそ次のように述べられている。

予言者ティレシアスにより「自分を知らないでいれば」老年まで生きながらえると告げられたナルキッソスは、美少年であったため、多くの若者や娘たちが彼にいい寄ったが、非常な思いあがりのゆえに、だれ一人にも心を動かさなかった。ところが、他人が語っているとき黙っていることができず、また自分から話し始めることもできないこだまの妖精エコーが彼を恋するようになった。

以前このエコーのおしゃべりで困り果てたユピテルの妻ユノーは、話の終りだけをそのまま返す範囲に彼女の舌を狭めてしまったのだった。そんなわけで彼女は相手の言葉の終りだけしか返すことができなかったので、もとよりナルキッソスに甘い言葉をささやくことはできなかった。偶然にも一度だけうまく彼にとり入るチャンスがあったが、はねつけられてしまった。そこでエコーは森にひそみ、声のみにやせほそっていった。ついに彼女が「あの少年も恋を知りますように。そして恋する相手を自分のものにできませんように」と祈ると、復讐の女神がこれを聞きとどけたのであった。

彼女の復讐はこうして起こった。あるときナルキッソスは泉に渇きを静めようとし、そこに映った自分の姿に魅せられてしまった。彼は「実体のないあこがれを恋した」のである。かくて彼に次のような罰が下ったのである。

何もかもに感嘆するのだが、それらのものこそ、彼自身を感嘆すべきものにしている当のものだ。不覚にも、彼はみずからに恋い焦がれる。相手をたたえているつもりで、そのじつ、たたえているのはみずからだ。求めていながら、求められ、たきつけていながら、同時に燃えている。

（オヴィディウス『変身物語』中村善也訳、岩波文庫）

この恋には相手がいない。あるのははかない自分の虚像にすぎない。「おまえが求めているものは、どこにもありはしない。お前が背をむければ、おまえの愛しているものは、なくなってしまう。おまえが見ているのは、水にうつった影でしかなく、固有の実体をもっていない」。こうして、この偽りの姿を見つめながら彼は滅亡してゆく。彼は絶望して叫ぶ。

わたしには恋しい若者がいて、彼を見ている。だが、この目で見ている恋の相手が、いざとなると見当らないのだ。

ついに少年はそれが自分自身であることを知り、予言者ティレシァスの言葉のとおり狂乱状態で死んでゆくのである。

高慢にも他者の存在を無視し、自分の姿に恋して水仙と化したナルキッソスも、一方的におしゃべりしたため相手の言葉の終りだけを反響するように罰せられたエコーも、他者の固有の存在に関係することがなかった。そこには正しく聞いて適切に答える対話の精神が全く欠如していた。

このギリシアの知性が生み出した昔話が語る真実を、あり得る「真実の愛」の本質についてもう一度考え直してみたいものである。

4　ダビデ王と預言者ナタン

イスラエルの王ダビデはアブラハムと並んでもっとも愛されてきた人物であった。ダビデという名前は「愛される者」という意味である。彼は一介の羊飼いから身を起こし、ユダとイスラエルの大王となるまで、その生涯はことごとく神の愛と恵みによって彩られている。彼はイスラエル王国の建設者であって、とくに武勇にすぐれていた。少年にしてあの剛勇ペリシテ人のゴリアテを小さな石投げ一つで打ち倒した。また彼は楽器のよい弾き手であって、悪霊に悩まされたサウル王に対し音楽をもって彼を癒しただけでなく、多くの詩編を創作した。その中でも詩編五一は霊性の歌である。

ダビデの物語にはヨブ記のようにサタンは登場しないが、悪霊の作用がダビデとその周辺の人たちを襲っている。たとえば「アビメレクは三年間イスラエルを支配下に置いていたが、神はアビメレクとシケムの首長との間に、険悪な空気（＝悪霊）を送り込んで、アビメレクとシケムの町の住民の間に不和を起させた」（士師記九・二二―二三）とある。だが「愛される者」ダビデはその生涯にわたって苦難を通して鍛えられ、守られ、訓育されて、信仰の達人となった。彼はユダ族であるエッサイの八人の子らの末子であった。その母は、アンモンの王ナハシに関係ある婦人であって（サムエル下一〇・二、一七・二五―二七）、異邦人の女から生まれた。「見よ、わたしは不義のなかに生れました。わたしの母は罪のうちにわたしをみごもりました」と彼は叫ぶ（詩編五一・五）。彼は兄たちに手荒にこき使われながら羊を飼わされた。彼は決して恵まれた環境で育った人物ではなかった。しかし彼には助ける者たちが多くいて、父エッサイのよい教育・祭司サムエルによる訓育・妻ミカルの助け・友人ヨナタンの友情・預言者ナタンの叱責などがあり、暗い旅路を経て回心と新生に導かれ、充実した人生が授けられた。その有様は詩編二三の初めに次のように記されている。「主はわたしの牧者であって、わたしには乏しいことがない。主はわたしを緑の牧場に伏させ、いこいのみぎわに伴われる」。

このように愛される人ダビデにも大きな失敗があった。その失敗は彼が成功を収め、名を遂げた後に起こった。そこには気の緩みがあって、それがサタンの誘惑のきっかけとなった。彼はウリヤの妻バト・シェバとの姦淫事件を引き起こし、預言者ナタンの叱責を受けるにいたった（サムエル記下一一と一二章参照）。

神はパト・シェバとの結婚を認めず、ダビデに怒りを覚え、預言者ナタンの夢に現われて王を糾弾させた。そこでナタンは神の怒りを伏せておいて、穏やかに譬話を使って王に語った。

「二人の男が同じ町に住んでおりました。一人は裕福で、多数の駄獣や羊、雄牛などをもっていましたが、他は貧しく、一頭の雌の仔羊だけが全財産でした。この貧しい男は自分の子供たちと一緒に仔羊を育て、食事をともにするのはもちろんのこと、仔羊にわが娘同様の深い愛情を注いでおりました。あるとき、富める男の所へ一人の客がありました。男は友人をもてなすのに、自分の家畜の一頭を屠るのを物惜しみし、家僕をやってその貧しい男から仔羊を取り上げ、それで客の料理を準備しました」。

王はこの譬話にひどく困惑し、ナタンに向かって言った。

「こういう馬鹿なことをした男は悪人である。男は仔羊を四倍にして償い、そのうえ、死をもって罰せられるのが適当である」と言った。

するとナタンは言葉をついで言った。

「王よ、こうした処罰にふさわしいのは、実は、あなたご自身なのです。あなたは、とんでもない恐ろしいことをして、ご自分を罪に定められました」。

王はこの言葉を聞いてはなはだしく狼狽した。そして悲嘆の涙を浮かべながら、自分が罪を犯したことを告白した。神はただちに彼に憐れみをかけて、彼と和解し、今後彼の命と王国を守ることを約束した。神は言われた、「今おまえは自分のしたことを後悔している。だからわたしも機嫌をなおそう」と。ナタンは神の代理人としての務めを終えて家に帰っていった。

（フラウィウス・ヨセフス『ユダヤ古代史2』秦剛平訳、筑摩書房、二七二―二七八頁）

このときの心境を「悔い改めの詩」と言われる詩編五一は「打ち砕かれ悔いた心」として歌っている。「悔い改め」こそ神の前で罪を告白する行為であって、キリスト教信仰もそれを信仰生活の中心にすえて説いてきた。とくにルター以来、礼拝において神の恵みのもとに悔い改めを信仰の核心として説いてきた。中世末期のカトリックでは「悔い改め」がサクラメントとして制度化されていたのをルターは批判し、それを「心を変えること」（メタノイア）であると解釈した。またマックス・シェーラーは「この世界歴史の始まりには罪があるのだ！　だからこそ悔恨の形式以外に永遠の再生がいかにしてありえようか、あるはずはない」（『人間における永遠なるもの』上、小倉貞秀訳「シェーラー著作集6」白水社、八八―八九頁）と語っている。

聖書の霊性物語はこの物語にあるように、罪深い人間が悔恨によって生まれ変わることを語る。それを詩編五一は清い心が神によって創造され、新しい、確かな霊が授けられるように祈り求める。

しかし、神の求めるいけにえは打ち砕かれた霊。
打ち砕かれ悔いる心を神よ、あなたは侮られません（五一・一二）

この霊はその内に「あなたの聖なる霊」（同一三）を受容し、宿している。これは「君主のような自由な霊」とも呼ばれる。そうなるためにはわたしたちは「打ち砕かれ悔いた心」をもって神の霊を受容しなければならない。そこには人がその霊性によって神の恩恵を受容し、その存在を根底から変容させる力が備わっている。したがってわたしたちの心には霊性の受容と自己を変容させる機能が予め前提されているといえよう。だが罪深い現実を一人ひとりが認識することなしにはこの機能は発動しない。この現実は人間の歴史にまとわりついており、原罪とも言われている。わたしたちはともするとこの罪の現実を何か例外的なものと考えがちである。もしそうなら、わたしたちは現実から遊離した観念の世界をさ迷っていることになる。だが、どんなに知識が増加しても、罪の現実が正しく解決され、克服されていないならば、「知識は罪過を増すのみである」（コヘレト一・一八）。

5　イエスとサマリアの女の物語――ヨハネ福音書四章二三―二四

人間は何らかの自己認識がなければ、イエスをキリストとして告白するにはいたらない。この自己認識に導くのがヨハネ福音書が説く真理の働きである。この真理と真剣に関わるのが人間の内なる霊である。ヨハネ福音書に展開する「サマリアの女の物語」がこの間の事情を鮮明に教示する。今や霊は人間のうちに宿って真理を受容する働きにまで高められる。

イエスがサマリアを通過して郷里のガリラヤへと旅をしたとき、シカルという村の近くにあった歴史上有名な「ヤコブの井戸」で彼は休息した。そこに一人のサマリアの女が人目を避けるようにひそかにとやって来た。弟子たちが食糧の調達に出かけたあとに、井戸端に座したイエスは渇きを覚え、水瓶を携えてきた女に当時のしきたりに逆らって「水を飲ませてください」と語りかけた。この対話は身体の渇きを癒す井戸の中を「流れる水」からはじまり、人々を生かす「生ける水」を経て「永遠の命にいたる水」へ飛躍的に進展する。実際、ヤコブの井戸の水はしばらく渇きをいやすにすぎないが、イエスが施す水は、どの人の中でも一つの泉となって、もはや渇きを覚えさせない。それは「命を与えるのは〈霊〉である。肉は何の役にも立たない」(ヨハネ六・六三)とあるような「人を生かす霊」、つまり「霊水」である。この泉からは活ける霊水が湧き出て来て、そこに神の救いと永遠の命が「人を生かす真理」として啓示される。それでも女はどうしてもこれを理解することができない。「生きた水」とは何か不思議なものであるとぼんやり感じているにすぎない。それがあればもう水汲みという女の労働は解放される、奇跡の水ぐらいに考える。彼女には奇跡とは日常生活を楽にしてくれる御利益をもたらすものにすぎない。

ところでこのサマリア人の女は、町にも泉があるのに、町から遠く離れた、しかも「井戸の水は深い」(同四・一一)とあるように、汲み出すことが困難であった井戸になぜ現れたのか。彼女は実は不品行のゆえに評判のよくない女であった。イエスはやがて「行ってあなたの夫を連れてきなさい」と命じた。これによって女の夫との関係という「人と人」との親密な間柄から「神と人」との真実な関係に発展し、「真理と霊による礼拝」にまで対話は進展していく。

イエスは彼女が心中深くいだく闇のような暗い生活に光を照射する。イエスは真剣に何かしら悩みを懐いていた女性の問題を直観的に感じとり、唐突にも「夫を連れてきなさい」と問いかけた。この直観は対話の直中で閃いたものにほかならない。突発的な飛躍と劇的な展開こそ対話的語りに付き物の特質である。この命令とともに女はその過去の暗い部分を指摘される。つまり彼女が五人の夫を以前もっていたが、今の夫とは非合法な夫婦関係にあることを言い当てられたがために、イエスを先見者として認識する。そこで彼女は予言者ならば神を礼拝する場所がゲリジム山の神殿か、それともエルサレムの神殿かという、当時の宗教上の問題を持ち出す。これに対しイエスは礼拝すべき場所は特定される山でも町でもなくて、「心の内なる霊の深み」であって、そこで真理を求めて礼拝すべきことを告げる。

真の礼拝をする者たちが、霊と真理とをもって父を礼拝する時がくる。今がそのときである。
（ヨハネ四・二三）

イエスの来臨とともにすでに到来している霊と真理による礼拝によってすべての祭儀が皮相的で不真実のものとして廃棄される。「わたしは真理である」（一四・六）と言われるイエスと対話する者には自己認識が呼び起こされる。わたしたちは真理の光の照明を受けて自分が気づいていない隠された暗闇の部分が照らしだされる。神の子イエスの前に対話的に係わるときにはこの真理の光を受けて「赤裸々な自己」の認識と告白が必然的に起こってくる。

そのときイエスは正しい神の礼拝の仕方を教える。昔から「等しいものは等しいものによって認識される」（エンペドクレス）と言われていたように、神は霊であるから、人間もその霊によって神を認識すべきである。そこで、「神は霊である。だから神を礼拝する者は、霊と真理をもって礼拝しなければならない」（四・二四）と語られる。ところが人間の霊は、サマリアの女と同様に、ほとんどの場合、偽り・虚栄・貪欲・物欲・情欲・支配欲・金銭欲といった、いわば七つの悪鬼（魑魅魍魎《ちみもうりょう》）によって支配され、醜くも汚染されている。それゆえわたしたちは真理であるイエスに導かれ自己認識によって神に対して徹底的に謙虚とならねばならない。

ここで「霊」が「真理」と一緒に用いられているのは人間の霊が真理の照明によって正しい自己認識に達し、謙虚になって霊の新生を求めるためである。それゆえ聖書は「打ち砕かれた霊」を恩恵を受ける不可欠の前提とみなしている（イザヤ五七・一五、詩編五一・一九、ルカ一・四七―四八参照）。

したがって聖書によると霊は人に授けられた力であって、人を生かすのであるが、その際、神の霊は真理をもって人間を照明し、正しい自己認識に導くと同時に偽りの祭儀・虚偽の宗教・神に敵対する諸々の霊力から人間を解放する。というのは生身の人間は自分を超えた諸々の霊力の餌食になっている場合が多いからである。こうして、すべてこの世の内なる、にせ物の、したがって不法の祭儀は神の子の派遣によって一挙に打ち破られたのである。

6　イエスとその論敵との対話

イエスは彼を失脚させようと機会を狙っていた人たちから皇帝への税金について問い詰められたことがある。「彼らは正しい人を装う回し者を使わし、イエスの言葉じりをとらえ、総督の支配と権力にイエスを渡そうとした」（ルカ二〇・二〇）。

イエスは彼らのたくらみを見抜いて言われた、「デナリオン銀貨を見せなさい。そこには、だれの肖像と銘があるのか」と。彼らが「皇帝のものです」と言うとイエスは言われた。「それならば、皇帝のものは皇帝に、神のものは神に返しなさい」と。（同上二三―二五）

この箇所は一般には政教分離政策の原理を提示すると理解されている。確かにそのとおりであるが、そこには驚嘆に値するイエスの発言が隠されているように思われる。

論理学の誤謬推理のなかに「多問の誤謬」というのがある。この誤謬は問いが二つ以上あるのに、誤って一つだけ問いが発っせられることによって必然的に生じて来る。たとえば「君は怨恨から彼を殺そうとしたのか」と問われた場合を考えてみよう。この問いに対し「はい、そうです」と答えると殺害の意志は当然知られるのであるが、「いいえ、そうではありません」と答えても、怨恨からではないにしてもそこに殺害の意志があったことになり、「はい」と答えても「いいえ」と答えても、いずれにしても殺しの意図があったことが明らかとなる。これは言葉じりを捉えた巧みな論法である。だが、この論法は元来問いが二つあるのを一つにしているところから捏造された多問の誤謬である。まず、「君は彼を殺そうとしたか」が問われ、次いでその殺害の原因は「怨恨からか」と質問されなければならない。そうすれば言葉じりを捉えた論法にひっかかる危険はなくなるであろう。

先の引用文の前にある箇所を読んでいると律法学者や祭司長たちがイエスを捕える口実をえようとして言葉の罠に陥らせようとしている様子が記されている。そこで -「回し者らはイエスに尋ねた。〈先生、わたしたちは、あなたがおっしゃることも、教えてくださることも正しく、また、えこひいきなしに、真理にもとづいて神の道を教えておられることを知っています。ところでわたしたちが皇帝に税金を納めるのは、律法に適っているでしょうか、適っていないでしょうか〉と」（ルカ二〇・二一―二二）。

この有名になった難問は先に述べたように多問の誤謬となっている。なぜなら、「はい、納めなさい」と答えるとローマの政治的支配に迎合する者として民衆の反発を買い、「いいえ、納めるべきではない」と答えると、ローマ帝国に背く大反逆罪に当ってしまうからである。イエスはこの問いに対していかなる態度をとられたのであろうか。ここに論理学者イエスの姿が浮かび上がってくる。

イエスは「税金を皇帝に納めるのは、律法に適っているでしょうか、適っていないでしょうか」という質問を二つに分けて、税金として納める貨幣がいかなる種類のものであるかを尋ね、その上で皇帝の貨幣は皇帝に納めたらよいと答えた。この回答は今日の政教分離の主張を示すものと一応考えられるが、当時の政治的対立からみると簡単に政教分離政策を説くものであったとは言えないであろう。むしろ切迫した政治上の対決を前にして「言葉じりを捉えるたくらみ」であると聖書にしたがって考えるべきである。この点をイエスは見破って、多問の誤謬を解体したのである。すなわち、「税金を皇帝に納めるべきか」の質問を「税金に使うこの貨幣はだれのためのものか」と「貨幣の種類に応じて正しく税金を納めるべきではないのか」との二つの問いに解体している。この記事の終りのところで聖書はイエスのこのすばらしい解答に対する人々の反応を次のように記している。「彼らは民衆の前でイエスの言葉じりを捉えることができず、その答に驚いて、黙ってしまった」（同、二〇・二六）と。

わたしは律法学者でも祭司でも、その手下でもなく、一般教養として論理学の初歩を教えていた者にすぎないが、このイエスの答えのすばらしさに民衆と同じく全く驚嘆してしまった。思考の学としての論理学は古代ギリシアにおいてはアリストテレスによって完成された人間的な知恵の書である。それは単なる人間的な知恵にすぎない。イエスは人の子として論理学を修得したとの記録はないが、彼が論理学者に優る知恵の持ち主であることに驚嘆するのはわたしばかりではないであろう。イエスは「蛇のように賢く、鳩のように素直になりなさい」（マタイ一〇・一六）と弟子たちに語っておられたが、彼をとらえて皇帝の前に突き出そうとする「悪巧みの罠」に陥るのをみごとに克服したその言論の鋭さが実によくここに示されていると思われる。

7 カフカとの対話

ある時『カフカとの対話』の著者ヤノーホが約束もしないで突然カフカをその務めていた事務所に訪ねた。そのような訪問の無礼を詫びたとき、カフカは次のように語ったとのことである。

予期しない訪問を邪魔だと感じるのは、どう見ても弱さのしるしです。予期されぬものを怖れて逃げることとです。いわゆる私生活の枠に閉じ籠るのは、世界を統御する力に欠けているからです。奇蹟を逃れて自己限定に走る――これは退却です。生活とはとりわけものと共にあること、つまり一つの対話といっていい。これを避けてはいけない。あなたはいつもお好きなときに来ていいのです。（吉田仙太郎訳、ちくま学芸文庫）

わたしはこの言葉のなかから次の四つの問題点をとりだしてみたい。①予期しない訪問、②

奇蹟を逃れて自己限定に走る、③生活とはものと共にあることである、④生活とは一つの対話である。

予期しない訪問　わたし自身「対話」について真剣に考えざるを得なかったきっかけは大学紛争であった。対話集会を求める学生の心が、他者の言葉に耳を傾けることのない独白となっていることの多いのに気づき、そこに若い世代の危機を感じたからである。ヘルメットに竹竿のスタイルで教室に乱入し、教授会を粉砕し、自己の主張をどこまでも押し通す者たちは、わたしにとり、まことに「予期しない訪問者」であった。どうしたら彼らと話し合うことができるのであろうか。この否定的事態を克服すべく試みるうちに、わたし自身が対話の生の流れのなかにあることにふと気づいたのである。カフカは予期しない訪問者を邪魔者扱いにする態度のなかに弱さのしるしを見ている。そこに彼は人生を怖れて退却する人の生き方を見る。

奇蹟を逃れて自己限定に走る　対話のなかの奇蹟とは、対話している当事者に還元できないものが、対話的生命の結実として、いわば「共有の実り」として、人格と人格との間の領域に生じていることをいう。そこには個人の側から考えられる可能性を超えた「より以上のもの」が対話的生の高揚として与えられている。人と人との間に対話の生命が流れているとき、人は世界に生きている充実感をもつ。それに対し自己のうちに閉じ籠ると人間の本来の能力が凋んでしまう。

それはちょうど人間の顔と同じである。他者に向かって心を開き、挨拶する人の顔は美しく輝いているが、知人に向かっても心を閉じ目を伏せる人の顔は暗くゆがんでいる。「各人は、よりすぐれた自己において、他人を心からもてなす」とギュスドルフが『言葉』という著書で述べているとおりである。つまり他者に向かうことによって人格の可能性が大きく開花するのである。

生活とはものと共にあることである

近代の認識論は「もの」に触れていないと批判されている。実際、それは強力な自我の意識に立って、対象よりも、対象を認識している意識そのものの分析に終始してきた。そのため対象物、ここでいう「もの」に触れる直接的経験をないがしろにしてしまった。認識論で説かれる「主観」はただ観るだけの主体であって、一方的に見ているため、モノローグ（独白）的となり、他方「対象」のほうも単に見られる客体になりさがり、主観に働きかけない死せる物体として処理される。こうして「もの」との生ける交流は完全に死滅してしまった。「もの」はもはや人間を育て庇護する「母なる自然」ではなくなり、環境破壊は進行し、人間自体にまで破壊の魔手はのびている。

このような危機に直面して初めてわたしたちは、「生活とはとりわけものと共にあることである」ことに気づくのである。では「ものと共にある」ことはいかにして実現するのであろうか。それは何よりも近代科学が自然を一方的に処理し、覆ってしまった人工的理念の厚いヴェールをはがして、「もの」との直接の触れ合いに立ち返ることによって達せられるといえよう。実際、科学以前の詩人や子供のなかにこのような触れ合いが見られる。詩人は「もの」との対話的交流のなかに生きている。ものは自分で語る術をもっていない。そこで、ものは詩人の心に意中を告げ、詩人を通してすべての人に語りかけている。

生活とは一つの対話である　さて、カフカは「生活とは一つの対話といっていい。これを避けてはいけない」と語って、対話の生活から逃避することを諌めている。人生のさまざまな困難に直面したとき、それに向かって対話をあえて試みることが真の意味で生きるということであろう。幸い教師は形成途上にある若い人たちを相手に関係の世界を生きることが使命として与えられている。大人の利益社会が、ブーバーのいう「それ」に満ちていて、子供もなかば強制的にその枠に入れられているが、人間の自然本性のうちにあらかじめ与えられている対話の能力を開発してゆくことは可能である。この能力を開発し、十分に発揮させることは教育の大きな目標とみなすべきであろう。対話を育てる教育は同時に知識を生ける源泉から歓ばしいものとして体得させる。こうして学校生活で歓ばしい知識を通して教師と生徒、生徒と生徒とが人格的関係に立ち返るならば、学校は対話的精神により甦るであろう。こうして生徒は学校が好きになり、特に用事がなくとも教師を訪ね生活をともにし、対話したいと願うであろう。そのとき教師はカフカと一緒にひとりひとりの生徒に言うであろう。「あなたはいつもお好きなときに来ていいのです」と。

8　自己との対話——アウグスティヌスの場合

神と人との認識についてアウグスティヌスからの伝統があって、ルターもそれにしたがっているので、先ずはここからはじめてみよう。アウグスティヌスはこの主題を初期の作品『ソリロクィア』で取り上げた。そこでは「神と魂」という表現によって同じ問題が追求されており、次のように論じられた。

理性　ではあなたは何を知りたいのか。
わたし　わたしが祈りましたこれらすべてです。
理性　もっと短く要約しなさい。
わたし　神と魂をわたしは知りたい。
理性　ほかに何もないかね。

わたし　全く何もありません。（『ソリロクィア』Ｉ・二・七）

この叙述はきわめて簡潔にして明瞭である。ここで「神と魂」とあるのは存在の尊厳にもとづく順序であるが、人間の思考では逆に自己認識から神認識への順序となっている。それゆえ「常に同一にいます神よ、わたしを知らしめ、汝を知らしめたまえ」（前掲書Ⅱ・一・一）という、これに続く有名な祈りがなされ、この順序に従って自己認識から神認識へという方向が導入される。しかし、その叙述はあまりにも簡潔であるため、十分な説明がともなわれていない。ところが『三位一体論』になると、最初は聖書とキリスト教古代の思想家たちから三位一体の教義を考察し、次に自己認識の問題を取り上げ、それを解明しながら神認識の問題に入っていった。

アウグスティヌスは回心後、ミラノ郊外の知人の山荘に引きこもって友人や弟子たちと討論を重ね、いわゆるカシキアクムの対話編を続々と発表していった。しかし、彼はひとりでの黙想にも時間を費やし、何日間にもわたって自己自身とも対話することを試みたのであった。その黙想のさなかに突然話しかけてきたのは、「理性」であった。こうして『ソリロクィア』二巻を書いたのである。「独白」という題名が付けられているにも関わらず、そこには理性と彼との間にとり交わされた「対話」が展開している。彼によると真理の探求はソクラテスと同様に問答的になされるべきであるが、論争につきものの激情の発作、相手に対する恥の意識、感情の乱れなどによって主題が十分に展開できない場合が多いので、理性と自己との間で交わされる対話の形式が採用されたのである。

この対話のなかから最も有名になった一節を引用してみよう。ここでの主題は知識の確実性に疑問をなげかけた古代アカデミア派の懐疑論をいかに克服すべきかということである。

わたし　常に同一にいます神よ、わたしにわたしを知らしめ、わたしにあなたを知らしめたまえ。祈り終りました。

理性　自己を知ることを欲しているあなたは、あなたが存在することを知っているか。

わたし　知っている。

理性　あなたはどうしてそれを知っているか。

わたし　知らない。

理性　あなたは自己が単純なものと思うか、それとも複雑なものと思うか。

わたし　分からない。

理性　あなたは自己が動かされることを知っているか。

わたし　知らない。
理性　あなたは自己が考えることを知っているか。
わたし　知っている。
理性　それゆえあなたが考えるということは真である。
わたし　真理です。　（同、二・一・一）

最初にアウグスティヌスは神に祈っている。祈りの内容は自己認識と神認識についてであって、彼は自己認識から出発していって、自己の存在の根源である神の認識にまでいたろうと願っている。彼はこの書の中で、「わたしは神と魂を知りたい」と繰り返し述べているが、探求の順序として神よりもまず自己に向けて意識を集中させてゆく。したがって、自己の存在について彼はこの引用文に、続けて次のように問うている。「自己を知ることを欲しているあなたは、あなたが存在することを知っているか」と。これに対し「知っている」と答えられる。「存在する」というのは人間の場合「生きている」という生存をいう。これはそれ自体で明白な事実であって、疑いの余地のないところである。この事実のもっている不動の確実性が一切の懐疑の嵐を鎮めるのであるが、先の問いには「自己を知ることを欲しているあなたは」とあって、「自己」の「存在」にはすでに「知る」働きと、「欲する」つまり「愛する」働きが含まれている。したがって、「存在」「知」「愛」は自己のうちに三位一体的に関係しており、そこに三位一体の神との関連がかすかにきらめいている。そこで「知」の働きが「思考」において成立しているので、この対話は「思考」の真理を確認する方向に進展していき、一応の結論にいたり、ほぼデカルトの「我思うゆえに我あり」と同様の真理に達している。しかしアウグスティヌスの自己探求はデカルトの「思考する自我」とは相違して、神の方向を目指してすすめられるという相違点がある。

こうして自己との対話を通してアウグスティヌスは神との関係に立つ自己へ考察を向け、自分のこれまで歩んできた過去をふり返りながら自己点検をなし、そのことを通して神を讃美している。これが「告白」という形での「神との対話」となっている。

では自己との対話の意義は何か。日常生活ではわたしたちは自己を反省することが余りにも少ない。「吾れ日に三たび吾が身を省る」（論語）と語った曽子のような人は凡人の域を脱している。平凡なわたしたちは、人生の転機とか苦難に直面しなくては自己を顧みることをしない。聖人ではないわたしたちは、すでにパスカルも言っていたように、自分の弱さ、罪責、汚れにみちた本性に目をそむけざるを得ないからなのである。アウグスティヌスもそれを証言して次のように告白している。「しかし、主よ、あなたは、彼の〔知人の〕ことばの述べられているさなかに、わたしをわたし自身に向かってふりむけさせ、自分に向かって対向することを欲せずに身を隠していたわたしの背後からわたしを引き離したもうた。そしてわたしが如何に醜く、如何にひねくれて不潔であり、しみと傷とにみちているかを見るように、わたしをわたしの面前に立たせられた。わたしはそれを見て、ぞっとしたが、わたし自身から逃れてゆくべきところはなかった」(『告白録』Ⅷ・7・16)。

したがって「自己との対話」は自己から逃走せざるを得ない人には原則的に不可能なことであるが、それでも人生の転機にさしかかったとき、わたしたちはこれをなすべく強いられるであろう。こうしてわたしたちは初めて「自己」と出会うのである。この自己をわたしたちはまずはじめは他人との比較から考察するであろう。だが、やがてこの種の比較は外面的性質、才能、地位、所有物といった偶然的なものに関わっていることに気づくであろう。それらはすべて「所与」であって「わたし自身」ではなく、わたし自身の置かれている状況を構成している単なる素材にすぎないことが知られるであろう。わたしたちは状況を自分で選択したり、獲得したのではない。たとえばわたしは両親を選べないし、子供も選べない。それは運命的所与なのであって、わたしがもし他の状況にいるとしたら、もはやわたし自身ではない。ここでは状況に関わっているわたし自身が問題なのである。

こうしてわたし自身との対話はわたしの置かれた環境や状況からも離れて、わたし自身がそれらに対しいかに関わってきたかに向かわざるを得ない。すでに引用したとおりブーバーは「人間は汝との関わりにおいて我となる」と語っている。つまり環境や状況に対し「汝」を語る対話的関係の中で自己は形成されるのである。そうすると「自己との対話」はわたし自身が他者に対し、いかに対話的に関わってきたかをまずもって反省することを課題としていることが知られる。

こうしてわたしたちは、他ならぬ「自己」をも「汝」関係において、つまり自己本位の関わりからひとたび決然と離れながら、なお自己存在の意味を問う関わり方において、把握し直すとき、真の「自己との対話」関係に入ることができる。そのとき自己を量的に拡大し肥大化するエゴイストとは全く異なった観点から捉え直し、自己を質的に高め、他者との協調を志すような真の個性をわたしたちは自分のものとすることができよう。この個性の実現によってこそ、わたしたちは自己自身によっても欺かれることなき自己の真実の願いが何であるかを知るであろう。

9 父と子との対話――志賀直哉の『和解』

友人や家族の間で仲違いや不和が生じている場合、よく耳にするのは「あの人はわたしの言うことを聞いてくれない」という不満である。この不満は対立している双方が同時にいだくことが多い。そしてたいていの場合、双方ともに依怙地《えこじ》になって、両者の関係がますます悪化してゆく。ところが、どちらかが自己主張をやめ、相手の言い分を聞こうという態度をとるならば、そこには和解が成立する可能性が開かれてくる。この可能性をよく表わしている一例として志賀直哉の『和解』をとりあげて考えてみたい。

この作品は、生活体験をそのままに語る、私小説風に父子の相剋を物語る。志賀直哉が青年時代に足尾銅山鉱毒事件で農民に同情を寄せたことがあった。そのさい父は、志賀家と縁故の深かった銅山経営者の古河市兵衛と対立することを危惧し、直哉が農民に同情することに反対した。また家のお手伝いさんとの結婚が許されなかったことも加わって、彼は父と不和になり、家を離れ去っていった。この小説では仲違いになった父子がいかに和解に達したかが物語られており、表面的には主人公の子供の方が精神的にも成熟し、また自ら子供をもったことによって父としての自覚をもち、同時に自分の父の立場をも理解できるようになり、「妙にひねくれる」ことをやめ、他者と調和的に生きる心をもって父とも和解に達したことが描かれる。

しかし、この作品の中で「聞くこと」がどのような働きをなし、とくに和解作用で聴聞がどのような力を発揮しているかに、わたしたちは深い関心を寄せざるを得ない。この小説では主人公・傾吉の「父」は子と話をしたいと思い、子を訪ねているのに、「子」の方が会おうとしない。しかし、その後も子は自分を育ててくれた祖母に会いたいために、父の家に出入りするのであった。父の方は子の父に対する一方的拒否という態度をそのままにしておくわけにはいかず、「きまり」をつけたいと考える。だが、子供の方はあえて自分は悪くなかったと主張して、父子関係をいっそう悪化させてしまう。母は子に「ひと言でいいから、眼をつぶって、これまでの事はわたしが悪うございましたとお詫びして下さい」と懇願するが、子は「然し今の結果についてはわたしは止むを得ない事で、後悔も出来ない事と思っているのです」と言い返していた。こうして父子の間には「広い堀」ができて、これを飛び越すのはとても困難であった。だが、主人公は父との対話から何か予期する以上のものが生じることを予感して、母に向かって次のように語った。

然しともかくお会いして見ます。それは大部分感情の上の事ですもの、予定して行ったところでその通り運ばす事は出来ませんし、それはお会いした上でわたしの気持もなだらかに今わたしが思っている以上に進まないとはかぎりません。

志賀直哉は「なだらか」な調和的気分の働きをこの文章で強調しているが、わたしは「予定」と「今わたしが思っている以上に」というところに注目したい。というのも対話の中で生起している固有の事態は、実はここに述べられている予想を超える出来事であり、しかも対話の哲学者ブーバーが言うように、日常生活で生じる可能性を超えた「生の著しい高揚」の下に「ひとつのより以上」が見られるからである。そして事実、父子の対話の中でこれが起こっている。父子の対話における最初の場面は次のように描かれている。

書斎の戸は開いていた。自分は机の前の椅子を此方向きにして腰掛けている父の穏かな顔を見た。父は、その「椅子を」……と窓際に並べた椅子へ顔を向けながら、自分の前の床を指した。自分は椅子を其所へ持って行って向い合って腰かけた。そして黙っていた。お前のいう事から聴こうと父は言った。

この場面の初めにある叙述は実に優れている。「書斎の戸は開いていた」とあるように、父は心を開いて子を待っている。しかも「穏かな顔」をして。そして椅子をすすめる。子の方は黙って腰かけ相手に聞く姿勢をとっている。この「黙っていた」はなかば過去の拒否の継続を、なかば将来の飛躍に向かう一瞬の静けさを示している。自己が沈黙しないなら、相手の声は聞こえない。この沈黙に向けた父の語りかけは、相手の言うことを聞こうとする対話の精神から出ている。父は「お前の言う事から聴こう」と言う。ここに聴こうとする精神が和解を導きだしている。この父の態度は新約聖書に物語られている放蕩息子を迎え入れた父に近いといえよう。しかも先ず不和となった相手の言い分を聴こうとしている。続く対話は子の「宛然《まるで》怒っているかのような調子」の言葉をも「うむ」とうなずいて聴き続ける父の態度に支えられて進行してゆく。そこから予想外のことが生じる。聴き終ってから父は次のように語る。

「よろしい。それで？　お前の云う意味はお祖母さんが御丈夫な内だけの話か、それとも永久にの心算で云っているのか」と父が云った。「それは今お父さんにお会いするまでは永久にの気ではありませんでした。お祖母さんが御丈夫な間だけ自由に出入りを許して頂ければよかったんです。然しそれ以上の事が真から望めるなら理想的な事です」と自分は云いながら一寸泣きかかったが我慢した。「そうか」と父が云った。父は口を堅く結んで眼に涙を溜めていた。……こんな事を云っている内に父は泣き出した。自分も泣き出した。二人はもう何も云わなかった。

予想外の事というのは主人公が願っていて口にしなかった理想の事が実現したということである。それは対話のなかに生じている飛躍であり、無意識のうちに願望していたことなのである。「それ以上の事」と主人公が言っているのは、祖母の死を超えていつまでも父と交際するという意味であるが、実はこの小説の終りに確認されているように、人格的な心の触れ合いを意味しているのである。そこに父子関係の永遠の意味が発見されている。そのことはプラットフォームで父と別れるときに次のように自覚されるにいたった。

するると突然父の眼には或る表情が現われた。それが自分の求めているものだった。意識せずに求めていたものだった。自分は心と心の触れ合う快感と亢奮とで益々顰め面とも泣き面ともつかぬ顔をした。……自分は父との和解も今度こそ決して破れる事はないと思った。自分は今は心から父に対し愛情を感じていた。そして過去の様々な悪い感情が総てその中に溶け込んで行くのを自分は感じた。

このように人格の次元において和解が成立することにより、真の和解が実現したのである。しかし、ここに達するためには、父子双方の人格の成熟が不可欠の前提となっている。そして聴く精神こそ人格の成熟を示しているといえよう。

今日の社会では家庭の崩壊が恐ろしいほどの深部にまで達している。そこから必然的に生じることであるが、その犠牲となるのは子供であり、親子関係において人格の世界へと招き入れられることがない。家庭における心の交わりの不満を子供は仲間世界において解消しようとするが、自分の欲求を正しく導くことを知らないため、非行に走る傾向に陥らざるを得ない。それが学校において集団的に発生する場合には教育関係の崩壊を来すことになる。教育の現場に押し寄せているる崩壊のうねりは話し合いの無視、暴力という直接行動、人目に立つ服装や仮の所有物による自己表現、性的放縦となって現われている。人格としての出会いがないために鬱積した不満がこうした形で噴出しているのである。教師はこのような現象の背景にある心の不満を聴きとり、生徒や学生が真の自己と成るように援助する任務を授けられているのではなかろうか。

10　運命との対話――自由とする真理を求めて

わたしたちが先に考察した「自己との対話」は自己に対して「汝」関係をとり、ほかならぬ自己自身が汝関係に生きているかどうか反省することを意味していた。次にわたしたちはこの自己の現実に目を向けてみよう。そこには内的にも外的にもたえず多くの問題が山積しており、それらが重くわたしたちにのしかかってきている。そしてわたしたちの「自由」を押しつぶし、不幸のなかに投げ入れられていると感ぜざるを得ない。これは運命であろうか。この運命にどう関わったらよいのか。対話的に関わることはできるのであろうか。わたしはイエスとオイディプスを模範として考えてみたい。まず、わたし自身が自由をどう考えたかについて語りはじめよう。

わたしが初めて真剣に自由について考えたのは、戦後朝鮮戦争が開始され、再び暗い影が日本に押し寄せて来たときであった。社会的な危機感に襲われて「何がわたしたちに本当の自由を与えることができるのか」とわたしは問うたのであった。当時マルクス主義と実存主義が盛んであり、そのいずれかの世界観にくみするように強いられたが、わたしは奇妙にも、マルクス経済学を学びながら、同時にキルケゴールの実存哲学にも引きつけられていた。そこで、どちらが自由を真に与えるものかと問いながら、わたしは二つの世界観を同時に学び続けていった。しかし残念ながら世界観というものはその性格上、必然的に一面的な観点に立ってすべてを論じているため、どちらからも満足のゆく解答を得ることはできなかった。実存主義者たちは主体性を強調して個人の自覚を求めるが、社会主義者たちは個人よりも階級や社会の方が重要であると言う。だが社会なしに個人は生きられないし、また個人なしに社会もあり得ない。個人は他者といかに関わって生きるか、他者との間柄をいかに生きるかが最大の問題であることに次第に気づいていったのである。

いまわたしたちが考えてみたい事柄は、わたしたちを真に自由にするもの、つまり自由についての真理である。このことは永い歴史を通して人類が探求し続けてきているものである。ところで、この真理と自由を聖書は、実は前述の間柄、つまりわたしは他者との関わりのなかにおいてわたしでありうるという観点から把握しているように思われる。

さて、真理とは何か。それは本当のことである。では本当のこととは何か。人々は一般に科学的に証明できることがそれであると言う。近代の学問は自然科学と社会科学とにより形成されてきているため、科学的に立証されないものは真理ではないと考えられている。このような真理は何ごとにも距離を置いて外から冷静に観察し、科学的に処理して捉えられるものである。しかし、真理とはただ科学的にすべて解明されうるものをいうのであろうか。

ヨハネ福音書での真理と自由

ヨハネ福音書には総督ピラトとイエスとが真理について問答をしている場面が描かれている。イエスは危険な思想の持ち主として捕えられ、ローマの極刑である十字架につけるよう人々から要求されている。イエスはピラトの前で、自分の国はこの世のものではないが、それでも、わたしは王であり、真理について証言するためにきたのである、だから「だれでも真理につく者は、わたしの声に耳を傾ける」（ヨハネ一八・三七）と語ったのに対し、ピラトは「真理とは何か」とイエスに問いを発している。ピラトはイエスの語る真理について疑念をもち、このように問うたのであるが、おそらく一般的な常識では理解しがたいイエスの思想に彼が直面している事態が、よく示されているといえよう。

そこでヨハネ福音書が真理をどのように捉えているか、その特質について考えてみたい。まず「真理に付く者」と言われていた点に着目するなら、同じような表現に多く出会う。つまり「真理に立つ者」（八・四四）、「真理を行なっている者」（三・二一）と述べられており、真理とは何か、と理論的に考察するのとは全く相違して、実践的な関わり方が重視されている。この点は「隣り人とはだれのことか」という律法学者の質問に対しイエスが問い返して、「だれが強盗に襲われた人の隣り人に成ったと思うか」と語ったことに符合している（ルカ一〇・二九―三八参照）。自分の生活と切り離して冷静に真理について理論的に考えるのではなく、「真理に付く」決断により実践に関わってゆくことをイエスは説いている。だから「真理に付く」というのは、今までの生活の転向をなす悔い改めへの決断を言っているのである。

次に真理は人格と結びつけて据えられている。「わたしは真理である」とイエスは言う。この真理は「道」とも「生命」とも語られ、それが「肉と成った」（ヨハネ一・一四）ことを表明している。それゆえ、イエスは神の真理を聞いたままに人々に語り伝え、啓示するという働きを自分の使命であるとみなしている。「わたしは真理を語っている」（八・四五）。こうして真理は単に理論上の事柄ではなく、何らかの行為・出来事・具体的人格と結びつき、歴史のなかで「行なわれたもの」、それがわたしに関わってきて出会うもの、「邂逅としての真理」（ブルンナー）であることが判明する。

「わたしたちはメシア（訳せばキリスト）にいま出会った」（一・四一）。また「ヨセフの子、ナザレのイエスにいま出会った」（一・四五）とヨハネは記している。こうしてサマリアの女のようにイエスと出会い語り合って、この人をわたしのキリストとして告白する出来事が新約聖書の伝えようとする内容となっている（四・七—二六）。それゆえ、この救いの真理は外側から観察して証明されるものではない。歴史学によって実証できるものでもない。科学的研究だけでは通じない、人格と人格との触れ合う間柄のなかで、この真理は生起しているのである。こういう邂逅の真理こそ聖書が教えているものである。わたしたちはイエスに出会った、そしてそこに真理が形をとって実現するのを見た、これこそヨハネが真理という言葉により明らかにしているものである。

だがヨハネ福音書が真理につづいて自由を語っている点は、わたしたちにとり理解しにくいといえよう。「真理はあなたがたに自由を得させるであろう」（八・三二）とある。だが、真理を知ることがどうして自由を意味するのであろうか。次にこのことを考えてみよう。

オイディプスの運命と自由

このことを明らかにするためにイエスとオイディプスとを比較してみたい。フロイトがオイディプス神話からエディプス・コンプレックスという深層心理を明らかにしたように、この物語はさまざまに解釈できる内容をもっていて、いま問題にしている真理と自由についてもわたしたちに教えるところが多いと思われる。ソポクレス作『オイディプス王』を読むとすぐれた知性の人オイディプスが自らの武力をもって知らずして父を殺し、知力をもって、スフィンクスの謎を解き、テーバイの王に迎えられるも、その結果、自分の母と結婚するという宿命を自分に招き寄せてしまったこと、そしてこういう運命が次第に明らかになってゆく有り様が描かれている。その際わたしたちはオイディプス王が自分に隠されていた真実相、つまり真相を探究しようとし、自己の宿命を徹底して追求しようとした点に注目すべきである。

このオイディプスとイエスとを比較してみると、前者は神話的人物であり、後者は歴史上の人物である相違はあっても、両者とも王者である点がまず似ている。もちろん世俗の王と神の国の王とは異質である。だが、二人とも大きな苦難を負うている点で共通している。オイディプスは自己の宿命を知り、自ら目をくりぬいて呪い、自己を国外に追放し、放浪の旅に出る。神の子のイエスも最も悲惨な刑罰である十字架にかけられ、神に呪われた者として最後をとげる。このようによく似た生涯を送った二人であったが、人生の最後の死についての見方が全く相違している。

オイディプスは自分の運命から解放してくれるのは死である。死が自分の救いなのであると言う。

救い主はすべての者に最後には等しく現われる。
ハデスの運命が、結婚のことほぎの歌もなく、
竪琴の楽も、踊りも伴わずに、現われる時、
そうだ、最後には死だ。

（ソポクレス『コロノスのオイディプス』高津春繁訳、岩波文庫、七二頁）

オイディプスは死がすべての人に平等に訪れるものであり、これにより重荷から解放されると言う。死は恵みであり、彼は喜んで死を迎える。個人の運命を澄んだ目ざしで見、そこに真理を捉えようとすれば、これこそ真実であり、これ以外は虚偽としか考えられない。この死の真実があるからこそ、彼の現在の生活は忍従に耐える気高い心となっている。

わずかなものをおれは乞い、それよりももっとわずかなものを得るだけで、おれは満足するのだ。忍従、これを数々の不幸、おれが共に生きて来た長い年月、最後に気高い心が教えてくれるからだ。（前掲訳書、九頁）

ギリシア的知性はここに自己の運命との対話により捉えた、もっとも深い自由を理解している。人生の現実をそのままに見て、そうあらねばならないと認めたとき、雄々しくも気高い心でそれを生きぬくこと、これが自由である。プロメテウス的反抗の自由も実はするどい知性によって見抜いた現実認識によって裏打ちされている。後にスピノザが「必然性の認識がすなわち自由である」と、この自由を明瞭に定義している。人生に描いた美しい夢が破れたとき、こうあらねばならなかったのだと知ること、そうしてその現実を気高い心で生きぬくこと、ここにギリシア的知性がとらえた自由がある。

オイディプスとイエス

このような自由に対し、イエスの説いている自由はいかなるものであろうか。イエスは十字架にかかる道を歩んでいったが、自分は真理に従って生きていると確信していた。真理とはイエスが神について見、かつ証しているものである。一言でいえば、それは神が愛であるということである。運命は呪うべきものであったとしても、なお神との対話により、運命の内奥において、神は愛であることをイエスは説いている。彼が喜んで十字架の刑を受けたことは、十字架の運命を彼が担うことによって神の愛が明らかになり、これにより人々が救済されるという真理が啓示されるためであった。この救済が罪からの解放としての自由である。それゆえ自由となった者はいままでの生き方をやめ、新しいイエス・キリストとの交わりのなかに入れられているのである。これが「真理に付く」決断と前に言われていたものである。

オイディプスは、人間の現実がその深層において、いかに悲惨な運命を宿しているかということを真理として説いた。この悲惨な宿命をイエスは神の愛によって克服しようとした。ここに真理の二つの見方がある。一つは現実をありのままに見ることであり、もう一つは同じことを神の目によって見ることである。この二つの見方の相違は、ちょうどわたしが失敗をやって恥かしさのあまり目をあげることができないのと、わたしの先生なり指導者なりが、試行錯誤によりわたしが少しずつ真理を学ぶようになることを知っているのとの相違である。たとえば、それは醜く不潔な末娘のシンデレラのなかに未来の王女の姿を見るようなものである。目下のシンデレラはありのままでは見るに耐えられないものであるが、神の目には将来の輝かしい王女の姿が映っている。したがってギリシア的知性をもってありのままに見る真実相と、神の目をもって見る真実相とは同じ一つの現実を見ていても、全く異なっているのではなかろうか。キリスト教は人生のありのままの姿を見ながら、同時に神の目でもって見直すことを、つまり神との対話のなかに見ることを教えている。

最後にオイディプスと愛娘のアンティゴネーとの父子関係も、イエスのそれとよく似ていることを指摘しておきたい。臨終を迎えたオイディプスは二人の娘に次のように言う。

子供らよ、今日のこの日、お前たちの父親は世を去るのだ。おれのすべては滅び、おれを養うためにお前たちはもう苦しむことはないだろう。それは重い荷だったな、娘たち。だがたったひと言がすべてこれらの苦しみを解消する。このおれのお前たちへの愛情はなんぴとにもまさる深いものだ。だが、これからは、そのおれなしで一生暮すのだ。

こうして父と子は、永久の別れを告げる。アンティゴネーは一人になって次のようにつぶやく。

不幸への憧れなどというものがございましたなあ！・
わたしが父を抱いていますうちは、
楽しいわけがないものも、楽しかったのでございます。

この言葉は不幸の運命の直中にあって父子の愛の交わりの比類なき価値を歌っている。そこには運命との深い対話的関わりが存在している。

イエスも自己の使命を、天の父と自分との交わりのなかに人々を招き入れるために自分は遣わされたのであると述べている（ヨハネ一七・二〇―一）。イエスの神に対する父子関係、つまり対話による「交わり」こそ、神の愛の生きて働いている場所なのである。この愛の交わりのなかに入ってゆくことにより、わたしたちは愛の人となるのである。

こうしてキリスト教の教える自由とは、外的強制のないことでも、自分の欲することを実現する能力つまり自律でもなくて、イエスとの交わりに加わり、神と他者との間を結んで生きる交わりの自由であることが理解される。この交わりに参入する人は、自己の運命を神との対話から捉え直すことにより自由となっている。

11 永遠者との対話

先の運命との対話でわたしたちは人の目と神の目との相違について学び、より高い観点に立って現実の他者と対話的に関わってゆくべきことを学んだ。だがより高い観点にはどうしたら立ちうるであろうか。ソクラテスは自分は知っているのにあたかも知らないかのような「空とぼけ」によって、つまりアイロニー（皮肉）によって人々に教育的対話を試みたのであった。知識を伝達するためなら教師はたやすくこの種の技術を身につけることは可能である。対話法を教育の中に実現することとは決して困難なことではなく、昔からすぐれた教師は実行していたものであった。だが、わたしたちの問題にしているのは、人の目と神の目ほど相違した高い観点をいったいどうしたら体得できるのかということである。そのためにはわたしたちは他者といっても人間を超越する永遠者との対話が要請されるであろう（この対話の実例は旧・新約聖書には無数にある）。

例えば、旧約聖書にはコヘレトの言葉というソロモンの知恵のような箴言集があって、「神は永遠を思う心を人に与えられる」（三・一一）と記されている。そこで永遠者との対話がどのようにして成り立つかを終わりに考えてみよう。

人間は一般には魂と身体からなるといわれ、そのことは精神と身体、理性と感性からなるとも言い換えられよう。そこから人間は理性と感性を錬磨することが行われてきたが、理性が今日では技術化されたため、昔の人たちが知性といい、また霊性ともいった高次の能力が、開発されないままに埋もれてしまった。知性は理性の働きのなかでも目に見えない対象に向かう高次の作用を言い、それは霊性という永遠者に対する意識であると説かれてきた。ところが理性が目に見える世界にのみ関わったため霊性の機能が忘却されてしまった。今日のように無神論の時代には永遠者との対話が全く忘却されている。

しかし、わたしたちが日々経験する状況はこのように変化しても、わたしたちは人間であるかぎり、他者と共同して生きざるを得ないが、この他者も有限な存在であるかぎり、真の意味で助けにはならない。こうしてわたしたちは人生において自分の存在が脆いため、たえず限界状況に立たせられるだけでなく、多くの試練に見舞われ、絶望するようになる。しかし、このような不幸の経験も実はわたしたちに心の作用である霊性を目覚めさせ、永遠者との対話を通して、より高い観点を再生するように導くのである。そこでまず試練について考えてみよう。

試練の経験と超越

他の人たちは幸福な生活をしているのに、なぜわたしだけがこんな苦しい日々を送らなければならないのか。わたしは自分にできる最善を尽くして努めているのに、なぜこのような患難に会わなければならないのか。このような問いかけは毎日のようにわたしたちに起こってくる。しかし、このような経験によって何者かが、あるいは運命が、あるいは人生自身が、また人生の背後に立つ永遠者がわたしたちに目を向け、問い質してくるのはなぜなのか。このような予感は、旧約聖書においても次のように語られている。

人は何者なので、あなたはこれを大きなものとし、
これにみ心をとめ、
朝ごとにこれを尋ね、
絶え間なく、これを試みられるのか　（ヨブ記七・一七―一八）。

このヨブの嘆きは多くの人たちにより伝えられ、共感を生みだしている。昔の人たちの口ずさんだ詩編（八・四―五）でもこう歌われている。

あなたの指の業なる天、
あなたの創りたもうた月と星を見ると
あなたが弱き人を顧み
人を心にかけたもうことが
不思議に想われる。

（関根正雄訳）

この詩編作者によると人間は全自然の中でとるにたりない無なる存在であっても、神の顧みのゆえに偉大な存在である。人間自身は無である。それなのに無から有を創造する神への信仰のゆえに、実に偉大である。だから不思議なのは人間ではなく、実は神のわざなのである。

このような経験は現に在る状態よりも高い世界にわたしたちを導いているといえよう。だから「試練」の概念はわたしたちが現に在る状態をのり越えようとする「超越」を表わしている。

このように試練は人生や永遠者との対話に導くばかりではない。それは経験にもとづく確固たる知識をわたしたちに授けるものである。もちろん、試練そのものは人間を破滅させる恐るべき性格をもっている。だから、試練そのものではなく、試練によって何を学ぶかということに、この否定的経験はいっそう大きな意義をもつのである。いくつかの事例を挙げてみよう。たとえば宗教改革者ルターは次のように言う。

試練を受けたことのない者はいったい何を知っているというのか。経験していない者が何を知っているというのか。経験により試練の本性を認識していない者は、知識ではなく、聞いたり見たりしたこと、或いはもっと危険なことである自己の幻想を伝達している。だから確実であること、および他者に確信をもって忠告することを願う者は、まずみずから経験し、みずから最初の十字架を負い、模範として先行し、他者に役立ちうるように確証されるのでなければならない。だから、神は朝の明けそめるころ、ひそかに人を訪ね、突如として人を試み、他者に伝達すべきことをみずから親しく学ぶようになされる。（WA. 4, 95, 7『第一回詩編講講解』）

人生のさまざまな試練に耐え、打ち克つような知恵を修得させる知識こそ、今日の情報化社会においてもっとも必要とされているものではなかろうか。このような知識は人を生かし、生涯の伴侶となりつづけるものである。

祈りと希望

このような試練の経験はわたしたちをして現状を超越させ、永遠者の前に対話的な「我と汝」関係に立たせるように導く。しかし実際はこのような対話にいたることなく、わたしたち自身で可能なさまざまな救助策を考え、それを実行したり、他の人々から期待できる助けに頼ろうとする。こうして人間的可能性の限りを尽くしても、解決が全くつかないことを知ったとき、人は絶望するか、それとも信仰するかの選択と決断を迫られる。そして絶望は何らかの行為についてではなく、その行為を行なっている自分の存在に向けられるため、それに対立する信仰は自分の全存在をあげて神に依存し信頼する生き方を生みだす。これこそ「祈り」であり、人間を超越した神のもとでの可能性を明らかにする。ルターはこの祈りについて次のように語っている。

実際、祈りとは何か。それは援助を求めることではなかろうか。さらに罪と死の危機にさいして神に向かって祈るとはどういうことか。それは神の許に赦しの可能性があり、このような破滅的な不幸に対抗する確実な救助策が存することではなかろうか。死に対決して祈るとは生命を希望することではないか。なぜなら、人生について絶望した者は、あたかも成功の見込みのない仕事にみられるように、明らかに祈ることなど決してしないのであるから。

（『生と死の講話』金子晴勇訳、知泉書館、二二一―二三頁）

この祈りにおいてわたしたちの存在が全面的に転換していることが示されている。祈る人はもはや自分の可能性に立っていない。彼は神によって与えられる可能性に立とうとする。だから、たとえ自分の生活が絶望的であっても、その直中にあって自分が神によって再生することを願い、神の語りかけを聞いて信じるように希望する。この信仰は永遠者なる神の語りかけを「絶対的汝」・「大いなる汝」・「永遠の汝」として捉える。マルセルは『旅する人間』に収められている「希望の現象学」のなかで次のように語る。

絶対的希望とは、被造物がいまある自己の一切を、ある無限なる存在から受けており、なによらずある制限を課そうとするなら躓きになるということを意識するとき、彼がその無限なる存在に対して行なう応答として現われるものである。この絶対的な「汝」は、その無限の寛容さのうちにわたしを虚無から救い出してくれたのであるが、この「汝」の前にいわば身を沈めるときわたしは絶望することを永遠に禁じられているように感じる。……この絶対的な「汝」こそわたしが自己自身をもって構築する都市、しかも経験が悲劇的なかたちで証

し立てているように、それ自体灰燼に帰する能力を付与されている都市の中心にあるものなのである。（山崎庸一郎訳）

このように希望は授ける者と受ける者との授受の相互作用の「交わり」と結びついている。それに対して絶望の方は孤独と結びついている。また絶対的希望は絶望のさ中に出会う「絶対的汝」に依存している。この相互的愛、この交わりの現存こそ、わたしを自己自身に結びつけている絆の性質を根本から変貌させる。

こうして祈りと希望は、人間のあいだの相対性を超えた絶対性へと、永遠の汝である神との対話へと導き、人間自身を高めることによって「より高い観点」が与えられる。わたしたちは「人の目」をもって現実を見ざるをえない。そこには幸福よりも不幸な事態が支配的であることを感じないわけにはいかない。しかし、同時にわたしたちは永遠者の下にある神的可能性をもって、つまり「神の目」をもって現実を見ることができる。わたしたち自身の試練の経験が永遠者との対話へ導いたように、この「永遠の汝」の観点からわたしたちが現実を再考するとき、「絶望することを永遠に禁じられていることを感じる」のみならず、現実を永遠者との対話から学び直すことができるといえよう。そのとき、自己の欲望にすぎないような祈り、自己宣伝の独善的な祈り、善行を感謝するストア的祈りといった自己中心の地形図は破り棄てられ、永遠者への希望の下に他者を中心にし、他者と共に生きつづける対話的な歩みが生まれるであろう。

あとがき

本書は、わたしが若いころに書いた『対話的思考』からの思想の要点を再考してから、今回新しく書いた共生思想を加え、さらに対話の実例をヨーロッパ思想史から列挙して、一書にまとめたものです。

対話は今日でもわたしたちの行動に最も重要な指針を与え、日常生活のみならず、国際政治にも大きな役割を演じ続けています。そこで旧著の内容で今日もっとも必要としている知識を要約しながら、とくにわたしたちの現在の行動に指針となる生き方を指摘し、他者と共に生きるためには「共同律」の体得が不可欠であることを解き明かしました。その際、わたしたちが他者との協働（cooperation）、つまり一緒に協力して働くことから「共同律」の必要なのを説明しました。それは近代に確立された自由が「自律」から興り、近代人の行動様式がこの自律によって確立されたのに対して、自律から「共同律」への転換がなければならないことを「共生思想」として主張しました。

このようにわたしは、「自律」が「自己主張欲」に変質した今日の状況に直面して、「対話」を

「共生」の観点から再度考察するように強いられました。それは対話が前の著作で果たした役割を今日の状況下でも強力に演じるようにと願ってのことです。
本書の作成に当たって知泉書館の社主小山光夫さんに、これまでと同じく、大変お世話になりました。わたしが処女作『ルターの人間学』を出版したとき、「一冊で終わってはだめです」と彼に言われ、当時考えていた『対話的思考』を上梓しました。だが、最晩年になって「それだけではいけません」と再び彼によって叱咤激励されているように感じて、今日の状況下で書き直した次第です。

二〇二三年五月、新緑のころ

金子晴勇

な・は 行

ま～わ 行

さ　行

た　行

事 項 索 引

人 名 索 引

金子　晴勇（かねこ・はるお）

昭和 7 年静岡県に生まれる。昭和 37 年京都大学大学院文学研究科博士課程修了。聖学院大学総合研究所名誉教授，岡山大学名誉教授，文学博士（京都大学）

〔主要業績〕『「自由」の思想史―その人間学的な考察』『現代の哲学的人間学』『キリスト教人間学』『ヨーロッパ人間学の歴史』『現代ヨーロッパの人間学』『愛の思想史』『エラスムスの人間学』『アウグスティヌスの知恵』『アウグスティヌスの恩恵論』,『宗教改革的認識とは何か―ルター『ローマ書講義』を読む』，ルター『後期スコラ神学批判文書集』, ルター『生と死の講話』『ルターの知的遺産』『エラスムス「格言選集」』, エラスムス『対話集』, グレトゥイゼン『哲学的人間学』, (以上, 知泉書館), 『ルターの人間学』『アウグスティヌスの人間学』『ルターとドイツ神秘主義』『マックス・シェーラーの人間学』（以上，創文社），『ヨーロッパ思想史―理性と信仰のダイナミズム』（筑摩選書), 『宗教改革の精神』（講談社学術文庫), 『アウグスティヌス〈神の国〉を読む―その構想と神学』（教文館）ほか。

〔対話と共生思想〕　ISBN978-4-86285-385-1

2023 年 7 月 10 日　第 1 刷印刷
2023 年 7 月 15 日　第 1 刷発行

著　者　金　子　晴　勇
発行者　小　山　光　夫
印刷者　藤　原　愛　子

発行所　〒 113-0033 東京都文京区本郷 1-13-2
電話 03（3814）6161 振替 00120-6-117170
http://www.chisen.co.jp
株式会社 知泉書館

Printed in Japan　印刷・製本／藤原印刷